CÓMO ELIMINAR DISTRACCIONES

Dispara tu Atención y Concentración Mental con Sencillos Métodos que Puedes Empezar a Usar Hoy Mismo

NATHANIEL DAVIDS

Índice

Introducción

¿CUÁNDO FUE la última vez que tuviste problemas para prestar atención? Quizá fue en los momentos previos a comenzar este libro, ¿te fue difícil concentrar tu enfoque en comenzar a leer? Incluso llegar al siguiente párrafo podría crear una batalla en tu cerebro. En nuestro mundo de ritmo rápido y digitalización, es un desafío mantener tu atención en algo por más de unos segundos.

Afortunadamente, podemos trabajar en nuestra concentración.

No es algo como el color de tus ojos o tu altura, que tienes que aceptar como características genéticas; tu concentración se puede entrenar mediante tareas menores que inducen un alto nivel de autocontrol, el problema que tenemos en nuestra sociedad son las continuas distracciones.

Cada lunes era siempre una oportunidad para empezar de nuevo… Tenía estos grandes sueños y esperanzas de todo lo que lograría cuando comenzara la próxima semana: llegaría el lunes, haría bien en implementar algunos de mis mejores hábitos y continuaría hasta el martes. Pero el miércoles comenzaría a dispersarme un poco, recordándome a mí mismo que estaba bien, porque lo compensaría más tarde.

Llegaría el día siguiente y no tendría tiempo suficiente para compensar la holgura del miércoles además de las altas metas que ya me había marcado. Para el jueves por la noche o incluso el viernes, habría fallado en mis objetivos y pensaría en rendirme, lo que me dejaba sintiéndome derrotado.

Me divertiría el fin de semana y luego llegaría el domingo, día en el que me sentiría arrepentido por no haber logrado lo suficiente y me castigaría por ignorar los posibles éxitos que podría haber tenido.

. . .

Esto me pasó con todo, desde perder peso hasta organizarme mejor y también trabajar en mi salud mental. Quería ser alguien que se ejercitara todos los días, esperaba poder tener un diario reflexivo saludable e incluso estaba interesado en probar nuevos deportes. Seguía estableciendo metas enormes, fallaba y luego esperaba poder establecerlas de nuevo. Fue un ciclo interminable hasta que me di cuenta de que yo era el único que tenía el control de mí mismo y de mis acciones.

A veces me asustaba lo que pensaran otras personas: ¿mi jefe se daría cuenta de que estaba flojeando en el trabajo?, ¿se darían cuenta mis padres de que no tengo tanto éxito como pensaban?, ¿mis amigos alguna vez se sentirían decepcionados de mí? Todas estas personas no sabían que yo estaba sentado ahí posponiendo las cosas, no se daban cuenta de que estaba cediendo a mis impulsos y revisando las redes sociales por décima vez ese día.

La única persona a la que estaba lastimando en este proceso era a mí mismo. Tenía el control de mis acciones y elegía lastimarme todos los días, no podía culpar a nadie más por obligarme a posponer una tarea para el día siguiente. No fue un arma en mi cabeza lo que me dijo que abandonara mi dieta, estaba a merced de mis propias acciones. Me suplicaría no fallar, le suplicaría a una versión futura de mí mismo que me ayudara a dar el siguiente paso pero una y otra vez me decepcioné.

. . .

A veces culpaba a la gente: fue mi amigo quien me envió un mensaje de texto después de una ruptura que me dolió mucho, él fue la razón por la que salimos a beber; fue mi mamá quien no me hizo lo suficientemente aseado cuando era más joven, fue culpa de mi jefa por no ver mi potencial y darme un ascenso sin que yo tuviera que preguntar… Culparía a las circunstancias externas.

A veces, tenía excusas legítimas, porque todos merecemos tomarnos un descanso de vez en cuando. Otras veces, sabía en el fondo que estaba elaborando historias en mi mente para justificar posponer las cosas.

Cuando te das cuenta de que eres quien se somete continuamente a estas emociones negativas, es más fácil reconocer que eres responsable de evitar que vuelvan a ocurrir.

Otra cosa que tenemos que recordar es cómo nuestro propio cerebro puede distraer. Es posible que hayas descubierto que soñar despierto/a o el imaginar largas fantasías en tu mente han sido un medio para escapar de lo que debes hacer y un método de *procrastinación*.

. . .

Tenemos distracciones en nuestros hogares, al alcance de la mano, en la calle, en nuestras pantallas y en cada rincón de la vida; a veces nos distraen las cosas sin siquiera darnos cuenta.

La solución a este problema es aprender a manejar nuestro autocontrol. Mucha distracción quita tiempo porque lo permitimos.

Siempre habrá distracciones, tener una vida productiva no es evitar por completo dichos impulsos: superar estas distracciones requiere aprender mecanismos de afronta-miento y habilidades prácticas para que cuando nos enfrentemos a estas distracciones, sea más fácil desviar la atención de ellas. Suena fácil, pero no es tan simple.

La solución es comprender primero cuáles son estas distracciones: ¿cuáles son los tipos de cosas que continúan distrayendo tu atención de donde deberías estar? Es un problema prestar atención en todas las áreas de la vida. Es posible que tengas dificultades para concentrarte en el trabajo, tengas dificultades para escuchar con atención a la familia o tal vez parezca que tu cerebro no puede prestar atención a nada en absoluto.

· · ·

Cuando logras implementar hábitos más saludables para tu vida, que cultivan un mayor éxito, es mucho más fácil encontrar el éxito en diferentes áreas. A lo largo de este libro, recorreré los pasos necesarios para crear una vida más beneficiosa y productiva. Este libro tiene siete capítulos llenos de rica información para darte la oportunidad de recuperar tu atención, podrás descubrir las ventajas de una vida en la que estás a cargo de lo que merece tu atención.

Pero, ¿qué diré yo que muchos otros libros, artículos, publicaciones de blog y videos no puedan decirte? He descubierto los pasos necesarios para crear una experiencia personal. No voy a mostrarte cómo tener mi rutina, voy a mostrarte cómo puedes crear una rutina que funcione para ti, tal como la mía lo hace para mí.

Lo que pasa con crear un estilo de vida saludable es que tiene que ser exclusivo para tu propia vida. En muchas áreas diferentes de la creación de un estilo de vida más saludable, las personas tienden a centrarse en la productividad más que en la personalidad. Ser más eficiente no se trata solo de crear un horario organizado, tienes que confrontar tus pensamientos. Es un proceso mental, no físico.

Superar las distracciones y mantenerte enfocado/a en lo que necesita tu atención es algo que debes aprender en tu interior. En lugar de concentrarte en todas las cosas externas que puedes imitar de otras personas productivas, quiero brindarte ejercicios tanto mentales como prácticos para que sea más fácil concentrarte en el hogar.

Incluso cuando te sientas nervioso/a, atrasado/a en las tareas o tengas otros problemas con tu productividad, tu cerebro será la herramienta más útil para impulsarlo. Notarás una mayor atención a tus relaciones personales y un mayor éxito en el trabajo debido a tu capacidad para mantener tu concentración.

He logrado transformar mi propia vida a través de un profundo pensamiento reflexivo y continuos hábitos sencillos, no todo tiene que ser un cambio rápido, de la noche a la mañana. Incluso dar pequeños pasos puede ayudarte a escalar grandes montañas. No existe una solución rápida o una respuesta única que encontrarás en cualquier lugar que busques para superar estos sentimientos. Lo más importante es reconocer cómo empoderarte desde adentro, se trata de autocontrol, reconociendo tus pensamientos y actuando sobre estos impulsos.

¿Qué es lo que tienen las personas productivas? Se trata de encontrar cierto individualismo dentro de ti para mantener el control necesario para un mejor enfoque. La prueba está en tu propia mentalidad.

. . .

Lo que has intentado en el pasado no ha funcionado, probablemente porque no has aprovechado tu capacidad de concentración. La impulsividad reside en el individuo y es fundamental, ahora más que nunca, que sepamos cultivar la fuerza para superarla en nuestra propia mente.

Te prometo que al final de este libro habrá cambiado tu forma de pensar. Puedes leer este libro en dos días o extenderlo durante semanas. Una vez que hayas completado estas técnicas, habrás comenzado a reflexionar realmente sobre ti mismo/a y a cuestionar tus pensamientos.

He dejado muchas preguntas abiertas a lo largo de este libro para que comiences el proceso de autorreflexión. Al darte cuenta en primer lugar, de tus pensamientos, ya has dado un paso esencial para crear una nueva vida. Cuanto más esperes para realizar algo, más natural se vuelve esa procrastinación; para cambiar realmente las cosas, comienza ahora.

No tienes que sufrir una transformación drástica de la noche a la mañana, puede suceder mediante pequeños pasos. De hecho, esa es la forma más beneficiosa de llegar ahí, porque una vez que todo está dicho y hecho, has creado una base más sólida que hace que sea más difícil volver a caer en los viejos hábitos. Todo lo que se necesita es dar el primer paso, y eso comienza ahora.

1

Deja de distraerte

Es OBVIO. Lo primero y más importante que debes hacer es eliminar las distracciones, hay muchas distracciones fácilmente identificables como tu teléfono, computadora y las personas que te rodean. También debemos identificar las distracciones que ni siquiera nos damos cuenta que están robando la atención del cerebro, como los pensamientos intrusivos y el aburrimiento.

Una vez que me comprometí conmigo mismo a ser más disciplinado, hice un esfuerzo por ser consciente de mis distractores. Por supuesto, no puedes eliminar todo de tu vida inmediatamente, pero una vez que hice la distinción entre lo que era productivo y lo que solo distraía, fue más fácil enfocarme en otra cosa.

.   .   .

Sin embargo, el mayor desafío que experimenté al principio fue la frecuencia con la que me encontraba con distractores, es casi como intentar dejar el azúcar: cuando caminas por la tienda de comestibles, no te das cuenta de la cantidad de azúcar que contienen los alimentos hasta que comienzas a leer las etiquetas.

Hasta que no empieces a realmente analizar tus acciones, no te darás cuenta de cuánto te están quitando la concentración.

Adquirir las habilidades que te permitan identificar distracciones es obtener una perspectiva de la que no puedes regresar. Una vez que me di cuenta de esto, comencé a escribir todo lo que hacía, establecí registros de tiempo en un cuaderno y en mi teléfono; al final del día, reuní estos datos en un simple documento.

Algunos días no tenía tiempo para hacer estas colecciones, pero siempre encontraba al menos 10 o 15 minutos para dedicarme a registrar esta información en algún momento cada pocos días. Al final de cada semana, durante cuatro semanas seguidas, rastree qué tan efectiva era mi productividad:

. . .

Cada día que me despertaba y dedicaba al trabajo, sentía que todo mi tiempo iba a funcionar, sin embargo, en realidad me levantaba, me iba a trabajar y comenzaba una tarea que después se prolongaría durante todo el día. La noche se acercaría y me sentiría atrasado... y hambriento. Mientras rastreaba mi tiempo, también rastreaba mi dinero: comía muchas comidas baratas y fáciles de preparar porque, para mí, eso ahorraba tiempo y dinero.

Lo que descubrí fue exactamente lo contrario de todo lo que creía sobre mi propio horario. Es posible que haya gastado poco en mis comidas rápidas, pero hacerlo dos veces al día se convertiría rápidamente en un alto gasto en comida. Hacer eso 4 o 5 veces a la semana significaba que gastaba mucho más en alimentos de lo que debería.

Me di cuenta de que, aunque sentía que estaba trabajando todo el tiempo, en lugar de eso, estaba postergando todo el tiempo: estaba perdiendo mis días distrayéndome con cosas que no requerían mi atención.

Pasaba mucho más tiempo en línea de lo que pensaba. Me conectaba cinco minutos a lo largo del día y no parecía tanto tiempo, revisaba algunas cosas y luego me recordaba a mí mismo que debía volver al trabajo. Cuando comencé a rastrear mis acciones usando registros de tiempo me di cuenta de que lo que se sentían cinco o diez minutos en mi teléfono eran en realidad entre 18 y 25 minutos, nunca me permití distraerme durante 30 minutos completos.

No pensaba en mis tareas como situaciones cronometradas y más bien vivía de una media hora a la siguiente, trabajaba hasta las 2:26 pm y veía que tenía cinco minutos hasta las 2:30, así que tomaba mi teléfono y me conectaba a las redes sociales. Luego llegaban las 2:43 y finalmente decidía volver a trabajar hasta las 3. No desperdiciaba media hora entera, así que sentía que todavía estaba siendo decentemente productivo.

Aun así, esto consumía 17 minutos de mi tiempo. Si lo hiciera de 6 a 8 veces a lo largo del día (cada hora, o a veces, más), se acumularía rápidamente.

Si bien pensé que le estaba dando tal vez una hora como máximo a mi teléfono por día, algunos días llegaban a ser hasta cuatro horas. Extendía el tiempo de ocio tanto a lo largo del día que ni siquiera podía darme cuenta de cuánto tiempo estaba perdiendo; si bien pensaba que dedicaba 60 horas a trabajar a la semana, en realidad solo estaba dando 35. Aunque todavía trabajaba mucho, no era tanto esfuerzo como el que yo sentía, porque desperdiciaba mucho el tiempo a lo largo del día. Si bien sentía que estaba completando múltiples tareas todo el tiempo, en realidad estaba haciendo mucho menos de lo que podría haber logrado administrándome bien.

Hubo días en los que era extremadamente productivo, y tomaría eso como base sobre cómo podría trabajar todo el tiempo, así que me decepcionaría a mí mismo porque no siempre sería tan productivo como en esos días de mucha actividad.

Sin embargo, logré encontrar el equilibrio y cumplir con esas expectativas de manera realista todos los días: dejé de presionarme para actuar todos los días como lo hice en aquellas veces más productivas y, en cambio, me centraba en esos momentos que por lo general, ocurrían los miércoles.

Estaba más comprometido y dedicado a hacer mi trabajo en estos días, así que asignaba tareas de alta prioridad para mitad de semana. Pude ver que los lunes por la mañana eran ineficaces para mí, así que programé tiempo en ese día para revisar redes sociales y cualquier otra noticia, ya que quería evitar hacerlo más adelante. Si bien no se sintió como un comienzo productivo para los lunes, en realidad me hizo un mejor trabajador de martes a jueves. Luego, los viernes se convirtieron en los mejores días para hacer las tareas del hogar, así como cualquier otro recado y deberes que había pospuesto durante la semana. Liberé mi tiempo durante los fines de semana y así el tiempo que pasé trabajando fue mucho más agradable.

Los lunes por la mañana solía pensar que odiaba mi trabajo y odiaba mi vida, me di cuenta de que en realidad estaba de mal humor y necesitaba concentrarme en algo más que en el trabajo. Al identificar mis distracciones mediante el registro de mi tiempo, descubrí los secretos de mi propia productividad.

Una vez que te das cuenta de que algo te distrae, es más fácil decirle que no la próxima vez; así que una vez que entiendas cómo estás gastando tu tiempo, serás más consciente de las cosas que te distraen y podrás actuar al respecto. Quiero hablar de las redes sociales y de tu teléfono, para que puedas reconocer cuánto podrían estar ocupando tu tiempo. Una de las mejores formas de desconectarte es tener una zona libre de distracciones.

Reconoce a dónde va tu tiempo

¿En qué has estado gastando tu tiempo? Antes incluso de comenzar con un nuevo horario o implementar mejores hábitos, es esencial que sepas a dónde ha ido tu tiempo en primer lugar. La mayoría de nosotros no nos damos cuenta de en qué gastamos el tiempo.

A menudo te despiertas, cumples con una misma rutina, te acuestas y continúas haciéndolo sin darte cuenta de cuánto tiempo estás dedicando a determinadas tareas.

El primer paso en este proceso es reconocer a dónde va tu tiempo, puedes hacer esto físicamente en un cuaderno, o puedes hacerlo electrónicamente en una computadora o teléfono. Empieza por darte cuenta de en qué estás gastando tu tiempo, siendo consciente de la hora que es y del tiempo que tarda una tarea mientras la realizas. Algunos de nosotros ya prestamos atención a esto, pero desde una perspectiva de pánico; tal vez mires el reloj y pienses *"oh, no, ya he dedicado 10 minutos más de lo que planeaba para esto"*, o tal vez estés mirando tu teléfono y pienses *"oh, genial, acabo de perder otros 15 minutos en una red social"*.

Empieza a registrar físicamente tu tiempo. Es difícil hacer un seguimiento en primer lugar, recordar tomar notas a lo largo del día puede, en sí mismo, ser una distracción.

. . .

Es por eso que crear una nueva nota en tu teléfono es una excelente manera de hacerlo, ya que la mayoría de nosotros siempre tenemos nuestros teléfonos a la mano o al menos cerca.

Es importante saber a dónde va tu tiempo porque quieres reconocer las barreras que creas entre las tareas que bien podrían fluir en conjunto. Cuando las cosas fluyen en conjunto, a veces es más difícil administrar bien nuestro tiempo porque todo es una larga tarea repartida en pedazos a lo largo del día. Es fácil dejar de lado las tareas que se suponía que debías hacer si tienes, por ejemplo, muchas amistades en tu lugar de trabajo y desde el momento en el que sales del trabajo ya estás conviviendo con tus amigos; este es solo un ejemplo de los tipos de barreras o flujos que existen entre las obligaciones que tenemos a lo largo del día.

No se trata de eliminar estas relaciones sino de asegurarte que mantienes tu tiempo organizado.

Una vez que comiences a controlar tu tiempo, podrás descubrir dónde lo estás perdiendo.

Cualquier buen negocio haría un análisis para saber en qué parte de la empresa debería reducir costos, ¿tú en qué podrías estar perdiendo demasiado tiempo? Es posible que ya tengas un planificador y es probable que no funcione tan bien como debería, así que fíjate en lo que no estás cumpliendo en tu agenda: ¿estás subestimando la duración de las tareas, o podría ser demasiado ambicioso lo que esperas lograr en un día?

Mientras realizas el seguimiento, puede ser difícil recordar volver a tu cuaderno y registrarlo. Puedes configurar pequeñas alarmas durante el día para tener de 30 segundos a cinco minutos para anotar rápidamente tus tareas. Por ejemplo, puedes configurar una alarma a las 12:00 pm, 3:00 pm, 6:00 pm y 9:00 pm para reflexionar sobre lo que ya has hecho; puedes reflexionar y ver cómo te tomó 30 minutos prepararte para el trabajo, 30 minutos para desayunar, utilizaste tu teléfono durante 15 minutos, trabajaste durante 30 minutos, tomaste nuevamente el teléfono durante 10 minutos, trabajaste durante una hora y así sucesivamente. Registras todo eso al mediodía, luego suena la alarma de las tres y haces lo mismo con las tareas que realizaste después del almuerzo.

Después de hacer esto durante 30 días, quedarás absolutamente asombrado/a de ubicar en qué has ocupado tu tiempo. Controla tu tiempo durante al menos una semana, pero lo ideal es hacerlo esos 30 días para descubrir dónde disfrutas pasar la mayor parte de tu tiempo. ¿Estuviste feliz durante ese mes?, ¿te sentiste bien contigo mismo/a, cumpliste algunas metas? Reflexiona profundamente sobre esto para obtener un análisis real de lo que ha llamado la mayor parte de tu atención.

Hacer esto durante un mes es importante porque verás grandes resultados. Verás esos números asombrosos que indican que pasaste 28 horas en las redes sociales, aunque solo pasaras 10 minutos a lo largo del día en línea. Cuando rastreas periodos más largos de esta manera, tu tiempo gastado puede acumularse dramáticamente. Te darás cuenta de que programar una sola hora para distraerte al día parece mucho ahora, pero al compararlo con el análisis que has creado, en realidad reducirá la cantidad de distracción que tienes.

Recuerda que lo que hagas en el futuro sigue siendo increíblemente importante.

Al rastrear también te estás volviendo más consciente de dónde pasas tu tiempo. Esto no es algo para hacer únicamente al principio, mantenlo durante unos meses para que puedas analizarte continuamente. Es fácil ser muy estricto/a en los primeros días de implementación de un nuevo plan, pero luego, en la quinta semana, las cosas se vuelven un poco más relajadas; para evitarlo puedes hacer un análisis trimestral de tu propia productividad, tal como lo haría una empresa.

. . .

Puede parecer algo un poco ridículo y demasiado estricto para hacer con cosas como el tiempo personal, pero el punto no es cortar esos momentos: el descanso sigue siendo algo que debe programarse. Divertirte con amigos, ir de compras, salir a comer, ver televisión, etc., son cosas que aún tendrás en tu vida. El punto no es intentar cortar esta parte, sino identificar todos estos aspectos y encontrar una manera más adecuada de incluirlos en tu horario, en lugar del método improductivo que podrías estar utilizando ahora.

Identifica aquello que dispara tus impulsos

¿Qué distracciones te generan un impulso que te resulta demasiado difícil de superar? ¿La notificación en tu teléfono para revisar tus chats?, ¿el deseo de seguir viendo un episodio más de tu serie favorita cada vez que llegas al momento de suspenso final? Imagina que tu concentración es como una tarjeta de crédito con un límite determinado y cada distracción es como un pequeño cargo: te estás quitando un tiempo que podría gastarse en otro lugar.

El arte del autocontrol consiste en reconocer cuáles son esos impulsos y ser lo suficientemente fuerte para evitarlos, pero es mucho más fácil condensarlo en unas pocas palabras que implementarlo en tu vida. Estos impulsos parecen estar fuera de nuestro control porque a veces hay desencadenantes desconocidos que están involucrados con ellos; para ganar autocontrol en primer lugar, debes saber qué es lo que estás controlando.

Los disparadores de impulso están en todas partes, sentados al otro lado de la habitación: son las pequeñas notificaciones que se activan en tu teléfono, son los pequeños mensajes que ves y que deseas recibir durante el día... Una distracción es cualquier cosa singular que atrae tu atención desde donde debería estar hacia otra parte.

Puede que estas distracciones ni siquiera conduzcan a la procrastinación por sí mismas, por ejemplo, es posible que estés sentado/a trabajando y luego escuches una notificación en tu teléfono referente a un correo electrónico. Podría ser un correo electrónico promocional que no tiene importancia alguna, pero aun así, ese correo te recuerda que debes responder al mensaje de texto que recibiste hace 10 minutos. Dejas de trabajar, respondes al mensaje de texto y luego te das cuenta de que una aplicación de cualquier red social ya está abierta en tu teléfono... Luego pasas 15 minutos revisándola.

. . .

La distracción inicial fue el correo electrónico, pero eso llevó a una cadena de eventos que te alejó de donde debería estar tu enfoque. Cualquier distracción suele generarnos un <u>impulso</u> que nos guía a la acción. Para superar esto y fortalecer la capacidad de decirte no a ti mismo/a, primero reconoce cuál es ese impulso, ¿qué provoca esta distracción?

A veces, esto incluso puede satisfacer una emoción: quizás estás sentado/a tratando de estudiar y no puedes, tu atención se dirige a cualquier cosa y ahora te has retrasado. Te sientes ansioso/a porque no estás haciendo nada, luego te das cuenta de que tu ropa está sobre la cama y debe doblarse... Bueno, eso solo tomará 10 minutos y como no estás estudiando de todos modos, decides doblar la ropa.

Tienes este impulso dentro de ti para ser productivo/a y esta necesidad emocional que buscas satisfacer mediante el acto de hacer algo productivo. Como no puedes estudiar, estás distraído/a con otra cosa (la ropa) y ese impulso (ser productivo/a) requiere que actúes (doblar la ropa). Fíjate cuál es tu distracción y te dirá cuál es ese sentimiento o impulso que tienes dentro de ti.

Tienes que pensar en los desencadenantes internos que experimentas también, podrían ser destellos de memoria que tengas.

. . .

Tal vez de repente pienses en que no has pasado suficiente tiempo con tu mamá; podrías fácilmente enviarle un mensaje de texto dentro de tres horas cuando hayas terminado de trabajar, pero sientes que tienes que hacerlo ahora mismo para superar ese impulso interno.

Los impulsos internos son cosas simples como tener hambre, tener que ir al baño y sentirte cansado/a. A veces, parece que requieren una acción en este momento, aunque podrían esperar 10, 20 o 30 minutos. Si bien pueden tardar solo unos minutos en resolverse, como tomar un refrigerio o ir al baño, estas acciones también podrían conducir a una cadena de nuevas distracciones, por lo que es mejor mantener tu atención pegada a donde está.

Quieres reconocer esos impulsos para poder enfrentarlos y hablarte a ti mismo/a, recordarte que podrás ir al baño en 5 minutos, comer dentro de 20 minutos y así sucesivamente. Tus impulsos internos pueden ser difíciles de superar porque están biológicamente generados para darnos una alerta.

. . .

Es difícil concentrarte cuando tienes hambre, tu cuerpo te está diciendo que necesita comer ahora mismo, sin embargo, el tiempo para comer comienza dentro de 30 minutos.

Lo que puedes empezar a hacer es convertir estos impulsos en disparadores de enfoque. Recuerda: *"sí, tengo hambre, pero puedo comer en 20 minutos. No puedo ir a hacerlo ahora o de lo contrario va a arruinar todo mi horario"*. Puedes utilizar ese estímulo para trabajar más rápido y luego, tal vez intentes completar la tarea en menos de 20 minutos, recompensándote mediante la satisfacción de tu impulso. Observa estos factores desencadenantes y será más fácil reconocer cómo superarlos.

Evita las redes sociales

¿Qué papel juegan las redes sociales en tu vida? Éstas cumplen con un propósito para todos aquellos que las tienen.

Algunas personas las usan para trabajar porque les gusta conectarse con los demás y generar contactos, a otras personas les gusta usarlas solo para asuntos personales, a algunos otros solo les gusta estar actualizados con las noticias y lo que sucede en la vida de sus amigos. Empieza a cuestionarte cuál es el papel de las redes sociales para ti, ¿por qué las disfrutas?

No tienes que tener las mismas razones que los demás, pero es importante comprender qué hacen las redes sociales por ti para que podamos considerar cuánto tiempo deberías dedicarles. Para reflexionar sobre las redes sociales y el papel que desempeñan en tu vida, comienza por comprender qué tan activo/a eres en las diferentes plataformas: ¿eres el tipo de persona que tiene más de cinco cuentas en redes sociales diferentes?, ¿inicias sesión constantemente en varias plataformas?

A algunas personas solo les gusta tener una plataforma de redes sociales y a algunas personas les gusta tener un perfil en cada tipo de red.

Considera si esto es beneficioso para ti o si es hora de comenzar a reducirlas. ¿Puedes condensar tus cuentas?, ¿te conectas con personas en algunas aplicaciones que no puedes contactar en otras? A menudo, podemos conectarnos con las mismas personas en la misma plataforma si elegimos sabiamente.

. . .

Otra cosa que deseas hacer en tu reflexión es reconocer en qué dispositivos las usas con más frecuencia. Algunas personas acceden en las computadoras de su trabajo, otros revisan sus teléfonos con frecuencia, o tal vez cuentes con alguna tableta electrónica. Independientemente de tus dispositivos, observa las aplicaciones que has descargado y la fácil accesibilidad que te proporcionan para que puedas ingresar continuamente.

Si notas que usas las redes sociales únicamente en tu teléfono, elimina esa opción. Elimina las aplicaciones y, en su lugar, usa solo una computadora de escritorio o una computadora portátil para ingresar. Si no eres el tipo de persona que se sienta frente a una computadora con tanta frecuencia, es menos probable que te quedes sentado/a durante horas navegando en las redes sociales.

También debes reconocer que las redes sociales están diseñadas para que ingresemos constantemente.

También distraen porque siembran ideas a lo largo de tu vida que se pueden activar más adelante. Por ejemplo, tal vez estés sentado/a mirando por la ventana aunque deberías prestar atención en clase, porque estás pensando en cómo necesitas ir más de vacaciones.

. . .

Todas las personas con las que te graduaste de la escuela secundaria se van de viaje a todas partes, y aquí estás tú, sentado/a en clase, aburrido/a y solo/a. Estas redes pueden provocar fantasías, inseguridades, comparaciones y otros patrones de pensamiento poco saludables que nos distraen continuamente.

Son muy difíciles de evitar porque nos brindan una gratificación instantánea; siempre hay contenido nuevo para ver, incluso si tus amigos y familiares personales no están publicando. Puedes mirar perfiles públicos, es algo global y siempre estarán ahí, lo que significa que tienes una distracción constante.

Es mejor comenzar a programar estos momentos a lo largo del día en lugar de mantener cerca tu teléfono y sacarlo cuando lo desees. Establece bloques de tiempo que puedas utilizar para revisar tus redes, incluso podrías darte dos horas al final de cada día. ¡Puedes descubrir que en realidad es menos tiempo del que estás gastando ahora! Si ingresas varias veces en una hora durante 5, 10, 15 o más minutos, se suman rápidamente. A pesar de que una hora o dos seguidas se sienten como mucho para dedicar a las redes sociales, puedes descubrir, después de registrar tu tiempo, que en realidad es mucho menos.

. . .

Guarda tu teléfono

¿Qué es lo más aterrador de no tener un teléfono a la mano? Todos sabemos que guardar nuestros teléfonos es el mejor método para eliminar las distracciones. La parte más difícil es que puede resultar muy incómodo, pero la mejor manera de evitar las redes sociales es guardar el teléfono. El primer paso a tomar es guardarlo físicamente, apágalo y ponlo en un cajón o guárdalo en un armario.

Pensamos en nuestros teléfonos como en nuestro corazón o cerebro, creemos que simplemente no se pueden apagar y guardar, es casi como una parte del cuerpo que tememos apagar. Tu teléfono está diseñado para apagarse y encenderse, ¡así que usa esta función!

Apágalo, ponlo en el gabinete de tu cocina al otro lado de la casa si es necesario. Puedes ponerlo en modo avión para que puedas recibir correos electrónicos a través de Internet, pero no necesariamente llamadas telefónicas o mensajes de texto.

También puedes elegir las notificaciones que activas para tu teléfono, muchas personas activarán automáticamente las notificaciones, pero debes elegirlas con cuidado. Deberías desactivar todas las notificaciones si puedes, pero eso asusta a algunas personas. ¿Qué pasa si pierdes un mensaje de texto o un correo electrónico importante? ¡Ese es el punto de programar momentos para revisar tu teléfono!

Considera bloquearlo si es necesario.

Muchos teléfonos se pueden bloquear durante minutos u horas mediante aplicaciones o incluso si ingresaste el código de acceso incorrectamente, haz esto con tu teléfono para que sea más sencillo dejarlo de lado.

También hay muchas aplicaciones que ayudan a rastrear el uso de tu teléfono para saber cuánto tiempo lo has estado usando, por lo que puedes utilizarlas al final del día para ver qué tanto de tu productividad se ha destinado a estos momentos de distracción.

Debes considerar tener más relojes en la casa para verificar la hora, mucha gente sacará su teléfono para verificar la hora, luego verá una notificación y se distraerá. Tener un reloj significa que no tienes que sacar tu teléfono pero eres capaz de comprobar la hora.

. . .

Otro gran consejo es configurar la pantalla de tu teléfono en blanco y negro. Tener menos colores en la pantalla puede hacer que ésta sea menos interesante para nosotros, por lo que incluso cuando estés sentado/a desplazándote por las redes sociales, es menos probable que te enajenes en ellas.

Cuando salgas con otras personas que tengan teléfono, puedes dejar el tuyo en casa. Si hay una emergencia, las personas aún podrán comunicarse contigo a través de otros, por lo que no debes tener ese miedo a perderte algo importante.

No tienes que tirar tu teléfono desde un edificio de 20 pisos o atropellarlo con un tractor para dejar de ingresar a redes sociales. Puedes eliminar fácilmente esta parte de su vida prestando atención al énfasis que está poniendo en él ahora y dando pequeños pasos para separarte de él.

Crea una zona libre de distracciones

¿Tienes un lugar donde realmente sientes que no hay distracciones? Lo mejor que puedes hacer para concentrarte mejor es crear una zona libre de distracciones, que es un lugar completamente exclusivo donde no sucederá nada más que lo que necesitas hacer. No permitirás ningún momento de distracción o dilación.

. . .

Debe ser un espacio físico exclusivo, como una oficina, o incluso la esquina de tu habitación.

Tu cerebro se acostumbra a reaccionar a diversos entornos. Si te metes en la cama y te pones las mantas, le estás diciendo a tu cerebro que es hora de irse a dormir porque esta es la actividad asocias a esa acción. Cuando estás en la cocina junto a la nevera, tu cerebro te dice que abras la nevera y veas qué puedes comer. Cuando estás sentado/a en el sofá viendo la televisión, tu cerebro te dice que tomes un bocadillo.

Quieres entrenar a tu cerebro para concentrarse en este espacio exclusivo, luego, cuando te sientes en tu escritorio, tu cerebro te dirá que es hora de trabajar. Debe ser un lugar de alta energía, con un ruido limitado y algunas distracciones visuales. No querrás usar una habitación de concreto con una sola luz colgando del techo y nada más alrededor, porque esto puede ser sombrío y aburrido, es posible que tu cerebro no pueda evitar concentrarse tanto en la habitación que te distraigas aún más con tu propia mente.

. . .

Puedes tener pequeñas cosas que te mantengan atraído/a, como notas adhesivas, carteles de motivación, elementos decorativos y cosas por el estilo.

Lo importante al final del día es que el desorden se reduce, provoca mucha energía y sentimientos positivos, y te proporciona exclusividad. No pases el rato en este espacio, no comas bocadillos en este espacio, no mires otras cosas, no revises tu teléfono y no hagas nada más que trabajar para entrenar a tu cerebro en estar libre de distracciones. Hazlo una regla estricta para que nunca te vuelvas indulgente con la atención que estás poniendo en dicho espacio.

2

Los peligros de hacer múltiples
tareas a la vez

LA MULTITAREA (*MULTITASKING*) ES INEFICAZ, nuestros cerebros no están diseñados para enfocarse en varias cosas a la vez. Tenemos sentidos que nos ayudan a captar el ruido de fondo y aún puedes hacer cosas como escuchar a otras personas mientras lees o escribes, sin embargo, nos presionamos demasiado para hacer ocuparnos de diferentes asuntos a la vez.

Yo siempre buscaba maneras de realizar múltiples tareas. Hacer dos tareas a la vez era normal para mí, así que mis objetivos eran hacer tres o cuatro cosas o más. Lo que no veía era que estaba constantemente abrumado, porque siempre estaba buscando formas de ocuparme de tanto como fuera posible.

Muchas de mis tareas eran cosas que hacía en piloto automático y era fácil para mí juntarlas porque lo había hecho muchas veces antes, sin embargo, cada vez que intentaba algo nuevo o hacía algo que requería mi atención completa, me resultaba más difícil concentrarme por completo. Me daba cuenta de que estaba olvidando cosas, equivocándome y pasando por alto aspectos importantes.

No todo el mundo se prepara para el fracaso mediante la multitarea, de hecho, hay algunas personas que lo hacen bien, pero esto es raro. Para saber si eres uno de los pocos que puede realizar múltiples tareas o no, prueba un ejercicio rápido. Para empezar, proponte cinco ecuaciones matemáticas diferentes, un poco más avanzadas que tu nivel de habilidad: si algo como 56 - 34 es realmente fácil, piensa en algo un poco más desafiante. No te daré ejemplos ahora, porque inmediatamente intentarás resolverlos. Haz esto por tu cuenta antes de comenzar la otra tarea.

La segunda tarea requiere que encuentres cualquier video que desees que tenga una duración de aproximadamente 15 segundos, y que lo memorices literalmente. Mientras intentas resolver los problemas matemáticos, trata de memorizar también lo que dice el video.

Reproduce el video hasta cinco veces para intentar memorizar las frases exactas que alguien está usando. Una vez que hayan transcurrido esas cinco repeticiones y hayas logrado terminar los problemas matemáticos, reflexiona sobre tus habilidades para realizar múltiples tareas: ¿pudiste resolver al menos uno y recitar parte del mensaje?, ¿podrías concentrarte solo en una tarea u otra? Puedes probar cada tarea por separado para ver si eres más rápido/a de esta manera o si la multitarea es lo mejor para ti.

Si pudiste resolver algunos de los problemas matemáticos y memorizar el video, eres capaz de realizar múltiples tareas. Es probable que tengas un alto nivel de concentración si logras hacer esto. Sin embargo, la mayoría de nosotros no podríamos realizar este ejercicio.

El hecho de que no seas un/a genio en el *multitasking* no significa que no puedas seguir siendo productivo/a. Todos hacemos las cosas de manera diferente, y siempre que el resultado sea el mejor posible, el proceso que se necesite para completar algo no importa cuando llegues ahí. No compares tu éxito con el de otras personas, concéntrate en el mejor método posible para hacer algo por tu propio bien.

Como mencioné al principio de este libro, es probable que te hayas estado preparando para el fracaso debido a tu incapacidad para tener autocontrol. Este es un problema que has creado, por lo que ahora es momento de que lo resuelvas, y no puedes hacer eso si estás copiando textualmente los pasos de otra persona hacia el éxito. Nuestras historias son diferentes, lo que significa que la forma en que las contamos también lo es.

Comprenda por qué desea realizar múltiples tareas

Cuando estamos estresados por algo, nuestro cerebro se concentrará en encontrar una solución.

El cerebro se calma a sí mismo: cuando tenemos un problema que necesita ser confrontado, como el estrés, tu cerebro va a buscar la manera de superarlo. Cuando tu cerebro quiere realizar múltiples tareas, generalmente se debe a un intento de aliviar algún tipo de estrés.

Si estás sentado/a mirando una lista de cosas por hacer llena de 15 tareas diferentes, tu cerebro te dirá que hagas todo lo que puedas a la vez. Nuestros cerebros pueden ser muy impacientes, se requiere entrenar a tus impulsos para ayudar a enfocar nuestro tiempo. Tu cerebro te está diciendo que hagas varias tareas a la vez porque está convencido de que combinar estas tareas es la mejor manera de deshacerte del estrés rápidamente.

. . .

Nuestro cerebro no siempre piensa lógicamente, así que ahí es donde debes entrar y preguntarte: *"¿soy realmente mejor haciendo tareas múltiples?"* La multitarea surge por la misma razón por la que evitamos o postergamos cualquier otra cosa. Si las tareas son aburridas, buscamos realizar múltiples tareas para aligerarlo, por ejemplo, doblar la ropa mientras miras televisión es una excelente manera de realizar tareas múltiples.

Sin embargo, si comienzas a llevar eso a un nivel extremo con el trabajo, puedes terminar dividiendo tu enfoque y no prestando atención a lo que más lo necesita.

A menudo, la multitarea ocurre porque no tenemos suficiente tiempo. Si pospones algo durante demasiado tiempo, o si simplemente le diste suficiente tiempo al principio, la multitarea puede parecer una forma de hacer las cosas más rápido. Desafortunadamente, esto acaba dejándonos incapaces de concentrarnos en las cosas que realmente necesitamos, porque nuestro enfoque se extiende entre dos cosas y eso crea un mayor margen de error.

Imagina que estás devolviendo llamadas telefónicas y respondiendo correos electrónicos al mismo tiempo, es lunes por la mañana y tus mensajes se han acumulado.

. . .

No querrás que esto te lleve todo el día porque entonces estarás retrasado/a por el resto de la semana, así que decides realizar múltiples tareas para terminar todo antes del almuerzo.

Mientras suena el teléfono, estás revisando tus correos electrónicos, tratando de revisarlos.

Una vez que cuelgas el teléfono, envías inmediatamente un correo electrónico y luego realizas otra llamada telefónica. Estás yendo y viniendo entre los correos electrónicos y las llamadas telefónicas porque parece que los estás dominando.

Te toma dos horas responder a todos y comunicarte quien necesitas para ese día. Sin embargo, considera qué pasaría si no hubieses hecho todas esas cosas a la vez. Al responder todos los correos electrónicos a la vez, podrías revisarlos y responder rápidamente, sin tener que leerlos u hojearlos varias veces para lograr entenderlos. La primera vez que puedas dedicar efectivamente hasta el último gramo de tu enfoque para revisar esos correos electrónicos, podrías terminarlos en 30 minutos.

Luego, con las llamadas telefónicas, puedes concentrarte y ser más directo/a con sus respuestas, y lograrlas en 45 minutos.

Redujiste mucho tiempo que habrías gastado dividiendo tu enfoque, si hubieras continuado con las tareas múltiples.

Queremos realizar múltiples tareas porque queremos sentirnos mejor, queremos sentirnos realizados y a gusto con nosotros mismos. Desafortunadamente, queremos hacer tantas cosas que terminamos auto-saboteándonos en el camino. Date cuenta de cuánto tiempo pierdes cuando intentas realizar múltiples tareas y, en cambio, céntrate en cómo puedes dar el 100% a todo lo que haces.

Categoriza tus tareas

Un mejor método para terminar las cosas es categorizar tus tareas. Esto comienza creando una larga lista de tareas pendientes – ¿qué implica todo lo que hay que hacer hoy? No importa en qué orden las pongas, tampoco tienes que establecer un límite de tiempo todavía.

Soy una persona que ama la organización. Me di cuenta de que había dos pasos para crear un horario más realista y personalizado:

1. Escribir tu lista de tareas pendientes
2. Crear diferentes categorías

Sin siquiera darme cuenta de que ya había estado categorizando mis tareas, comencé a hacer un seguimiento de mi tiempo para ver dónde podía ser más eficiente y mientras lo hacía, noté que a menudo programaba cosas que me gustaban y cosas que no me gustaban en diferentes momentos del día.

Por lo general, reservaba las cosas que no me gustaban para primera hora de la mañana, porque quería sacarlas del camino; quería dejar lo mejor para el final y terminar por completo con todo. Lo que pasó con esto fue que creé una división en mi día: a menudo procrastinaba y me sentía malhumorado por la mañana porque tenía que hacer cosas que realmente no quería y en realidad nunca llegaría a esas cosas que me gustaba hacer hasta más tarde en el día.

Si bien las últimas eran las tareas más agradables, terminaba resintiéndolas porque estaban ocupando parte de mi tiempo libre.

Por ejemplo, odiaba hacer cosas formales básicas como pagar mis facturas, enviar correos electrónicos y programar citas. Disfrutaba más trabajar con mis manos y organizar mi casa. Lo que estaba haciendo al programar las peores tareas por la mañana, era hacerme más difícil comenzar el día; no tenía nada por lo que emocionarme justo al despertar. Esas tareas fáciles entonces se sentían menos significativas conforme avanzaba el día y tomaban el tiempo que quería dedicar a leer, ver televisión o salir con amigos.

Rompí estas categorías y reorganicé mi agenda, ahora suelo organizar mis tareas de acuerdo al tiempo que pueden tardar porque facilita el uso eficiente de mi tiempo. Todavía etiqueto mis tareas como las que me gustan o no me gustan para luego asegurarme de haberlas distribuido a lo largo del día en lugar de todas a la vez.

Esas pequeñas tareas a lo largo del día que disfruto haciendo también me ayudan a sentirme mejor conmigo mismo, incluso si son simplemente doblar la ropa y guardarla. Me hace sentir más productivo, por lo que cuando tengo que hacer cosas más difíciles ya me siento realizado en el día, entonces no estoy tan ansioso por lo que estoy o no estoy haciendo.

Mientras creas tu propio horario, considera estas categorías y juega con lo que funcione para ti:

. . .

La primera categoría que debes considerar es el tiempo. Puedes separar todas estas tareas entre lo que llevará cinco minutos y lo que llevará una hora o más. La limpieza es algo que todos hacemos y con lo que a menudo podemos relacionarnos, tus tareas de limpieza se pueden dividir entre las que toman cinco minutos y las que demoran un poco más. Revisar la casa y recoger la basura tarda unos 15 minutos, solo necesitas agarrar una bolsa de basura y el contenedor de reciclaje e ir a las diferentes habitaciones a recoger cosas.

Después de eso, tienes ropa para lavar y la lavandería es algo que se puede dividir en diferentes tareas para ayudarte a categorizar mejor. Por ejemplo, lo primero es recoger la ropa, tienes que ir a tu dormitorio, y tal vez a los dormitorios de tu familia, para recoger toda la ropa sucia. Luego está llevar la ropa a la lavadora y moverla a la secadora, todo por separado. Después, tienes que doblar la ropa y esto incluye planchar o colgar. Luego tienes que guardarlo, colocándolo en cajones o colgándolo en el armario.

Divide todas estas tareas, porque incluso si entran en la misma categoría después de haberlas completado, eso está bien y puedes hacerlas todas a la vez; sin embargo, si descubres que puedes agregarlas y agruparlas a otro tipo de tareas al mismo tiempo, eso es aún mejor.

Otra categoría puede ser la ubicación o la geografía: ¿son estas tareas en el interior o en el exterior?, ¿involucran solo un cuarto o es algo que tienes que hacer en toda la casa? Por ejemplo, solo lavas el inodoro cuando estás en el baño, sin embargo, probablemente recojas la ropa sucia en todas las habitaciones, y eso podría incluir el baño.

Al categorizar, considera el atractivo de estas tareas.

Fregar el inodoro no es divertido y, por lo general, a la gente no le gusta hacer esto; guardar la ropa no es tan importante para los demás. Tal vez eres el tipo de persona que prefiere fregar el baño que ocuparse de cualquier tipo de ropa, así que organiza tus tareas según lo que te gusta hacer y luego lo que no te gusta hacer.

Una vez que hayas creado todas estas categorías, puedes revisarlas y establecer prioridades. Esto también se basará en preferencias personales y en lo que tienes que hacer en un día; puede que seas el tipo de persona a la que le gusta dejar lo mejor para el final y acabar con todas las cosas malas primero. Tal vez no tengas motivación si comienzas con una tarea difícil, por lo que necesitas facilitar el camino comenzando con las cosas más fáciles.

. . .

Comienza con algo que te guste y que pueda proporcionarte motivación, algo que te haga sentir bien contigo mismo/a; de modo que cuando tengas que enfrentar esas tareas que no te gustan, sea más fácil terminar con ellas.

Es importante relacionar al autocontrol con la categorización porque tienes que ser honesto/a contigo mismo/a, especialmente cuando separas las tareas por el tiempo que toman. Podrías pensar que solo te lleva 10 minutos lavar los platos, pero tal vez en realidad te lleve 30. No siempre es fácil admitir que algunas de estas tareas aburridas o aparentemente sin sentido nos llevan más tiempo, pero eso puede retrasar tu horario si no estás siendo realista.

También debes tener autocontrol para realizar estas tareas y darte cuenta de que son importantes. A veces, puedes clasificar las cosas por su nivel de importancia y luego decidir eliminar por completo las cosas que no son importantes. Sin embargo, debes ser honesto/a contigo mismo/a y comprender si estas cosas realmente deben completarse o no.

Haz que las tareas sean más interesantes

. . .

A veces, las tareas pueden abrumar porque son aburridas. Esto es especialmente cierto con muchos de nuestros proyectos de trabajo o tareas académicas. Es posible que no tengas absolutamente ninguna pasión por hacer la tarea, pero tampoco tienes opción de realizarla o no. Lo primero que debes hacer para que tus tareas sean más interesantes es averiguar por qué son aburridas, ¿son realmente aburridas y poco interesantes, o es algo que los demás dicen?

Por ejemplo, piensa en una tarea sobre historia, tal vez tengas que escribir un artículo y realizar una investigación sobre un periodo de tiempo específico. La historia a menudo puede ser un tema aburrido para muchas personas, por lo que es fácil querer descartar todo tipo de historia por falta de interés. Desafortunadamente, esta perspectiva puede mantenerte limitado/a y evitar que realmente completes un proyecto.

En su lugar, sumérgete en esta investigación y busca cosas que sean interesantes para ti a nivel personal.

Encuentra algún interés especial dentro de esta tarea y descubre cómo puede brindarte más información; toma la tarea real que debe completarse y en lugar de intentar hacerla interesante, encuentra el interés que ya está ahí.

Si estás realizando un proyecto sobre un periodo de tiempo determinado, busca en internet cualquier audiovisual que se haya creado sobre éste. Tal vez sea un programa de televisión o una película. Incluso si algo está dramatizado, al menos podría despertar tu interés en el tema y a partir de ahí, podrías leer más sobre la diferencia entre el programa y el tema, lo que podría generar más curiosidad para investigar.

Realiza competencias para las tareas poco interesantes.

Esto puede ser contigo mismo/a o con un compañero de trabajo o de clase. Fíjate plazos extremos y haz una carrera, tal vez retes a un compañero de trabajo para ver quién puede hacer más llamadas en una hora o quizás sea una competencia para ver quién hace su tarea más rápido con un compañero de clase.

Podrías tener un premio establecido al final, como que la otra persona tenga que comprar bebidas para ambos.

. . .

También puedes hacer estas competencias contigo mismo/a. Cada vez que completes una tarea, observa cuánto tiempo tomó y desafíate a superar ese tiempo la próxima vez. Tal vez te des una semana, y si cumples con ese plazo, al terminar te comprarás una recompensa. A medida que completes la tarea, en lugar de pensar en lo aburrido que es, te concentrarás en hacerla lo más rápido posible. Tener una recompensa al final te da algo que esperar. Si estás completando una tarea aburrida o sin sentido, al menos estás pensando en algo emocionante e interesante en tu mente.

Espacios interesantes

Imagina que tienes una gran tarea que hacer. Ya procrastinaste unos días y te llevará mucho más tiempo de lo que pensabas. Ya sea que estés en la escuela o no, todos podemos relacionarnos con la presión de una tarea abrumadora.

Imagínate tener que completar esta tarea en una habitación blanca, sin cosas interesantes para mirar y con una luz fluorescente demasiado brillante que te aturde.

Ahora imagínate poder hacer esto en una habitación acogedora llena de luz cálida y carteles motivadores en la pared con citas inspiradoras para darte valor. Hay una bonita silla reclinable para largas sesiones de trabajo, puedes ajustar la altura y adaptarla a tus necesidades específicas de comodidad. Se enciende una vela con tu aroma favorito, que además emite un brillo relajante en la habitación; una bonita lámpara de sal proporciona una energía vibrante que te mantiene alerta, incluso en este entorno cómodo. Todo esto se encuentra en la parte superior de un hermoso escritorio de madera que te conecta con la naturaleza, y estás mirando unas bonitas plantas verdes, nada más en la habitación te distrae.

¿En qué entorno crees que será más fácil realizar una tarea? El entorno en el que trabajas es fundamental para tu productividad.

Si nuestra habitación está en blanco y vacía, se torna demasiado insípida, hasta el punto en que permite que tu mente divague.

El estilo de cada persona es diferente, pero no pases por alto este factor importante ya que estás creando un espacio más interesante para ti. Cambia uno de tus sentidos cada vez que estés haciendo algo aburrido, por ejemplo, cambia visualmente tu ubicación. En lugar de sentarte en tu escritorio leyendo algo, ¿puedes leer afuera?, ¿puedes cambiar tu vista? Quizás si trabajas desde casa, puedes leer desde tu habitación en lugar de en la oficina.

Piensa en el sonido, ¿puedes poner música?, ¿puedes bailar mientras haces esta tarea?, ¿puedes cantar mientras completas tus tareas? Piensa en el gusto, ¿puedes comer un bocadillo mientras terminas la tarea?, ¿es algo que se puede hacer cuando sales a tomar un café o un té? Incluso cambiar algo pequeño como encender una vela o sentarte en un lugar más cómodo puede ser suficiente para agregar interés.

Si estás distraído/a y enfocado/a en la tarea aburrida todo el tiempo, simplemente te estás sumiendo en el aspecto del aburrimiento. En su lugar, cambia tus sentidos para obtener una nueva perspectiva sobre esto y darte cuenta de que puede ser interesante.

Prueba pequeños sprints

Apresurarte o hacer *sprints* durante tus proyectos es una manera maravillosa de agregar una presión más intensa para completarlos al final. Un pequeño *sprint* sería cuando agrupas tus tareas y las eliminas lo más rápido posible. La mejor forma de trabajar es dentro de un ciclo de 90 minutos, al final de estos 90 minutos te tomas un descanso de unos 15 minutos.

El ciclo de 90 minutos también tiene sus propios descansos. Así funciona:

- Trabajando durante 15 minutos
- Descansando durante 5 minutos
- Trabajando durante 25 minutos
- Descansando durante 5 minutos
- Trabajando durante 25 minutos
- Descansando durante 15 minutos

Básicamente, tienes una porción de 20 minutos, otra porción de 30 minutos y luego una final de 40 minutos. Si bien el trabajo es más corto al principio, cada descanso también se alarga un poco más. Puedes realizar un seguimiento de tu progreso, ir al baño, comer un refrigerio o hacer algunos estiramientos ligeros.

En el primer ciclo de esos 90 minutos, realmente estás comenzando, te estás poniendo en marcha y superando todos esos sentimientos de procrastinación que podrían estar impidiéndote terminar. Luego, en esos descansos de cinco minutos, te detienes y disminuyes la velocidad, dándote una pequeña recompensa por comenzar. En 30 minutos ya has completado una gran cantidad de trabajo con algo de tiempo para recuperarte.

En los siguientes 25 minutos, ya te sientes motivado/a porque pudiste lograr algo en la primera sección. Estás más involucrado/a en la tarea que estás completando, por lo que es más fácil mantenerte concentrado/a. Luego, tienes otros cinco minutos para calmarte, comer algo, ir al baño y recuperarte nuevamente.

Finalmente, en el último ciclo de 25 minutos, lo estás dando todo. Esta es tu última oportunidad de terminar una tarea antes de recompensarte con un descanso más importante. Luego, puedes tomar 15 minutos o puedes ir más allá de los 90 y tomar 30 minutos para hacer cualquier otra cosa, como simplemente caminar afuera y recuperar el aliento o incluso intentar tomar una siesta rápida. Puedes meditar, puedes practicar la atención plena, preparar la cena, cenar, darte una ducha, ver algunos videos divertidos, enviar mensajes de texto a tus amigos y puedes hacer todo lo que quieras en este descanso final.

Luego puedes volver a otro ciclo de 90 minutos. Puede parecer que te estás tomando muchos descansos, pero en realidad estás trabajando muy duro durante un poco más de una hora. Dentro de los *sprints*, te estás concentrando y controlando la situación por completo, puedes ver tus tareas y darles todo lo que tienes. Es fácil desconectarse y esforzarse durante estos 25 minutos porque sabes que no van a durar para siempre.

Si te dices a ti mismo/a que tienes que correr durante las próximas dos horas, te abrumas. Cualquier cosa puede pasar en dos horas, por lo que no querrás tener regalar tanto tiempo solo para eso, parece mucho.

¿Realmente puedes pasar dos horas sin revisar tus redes sociales o sin mirar tu teléfono? Por supuesto que puedes, pero a veces esa voz en la parte posterior de nuestra cabeza nos dice que no podemos, lo que hace que sea más fácil posponer las cosas. Prueba estos pequeños *sprints* y descubrirás lo fácil que es hacer las cosas rápidamente.

Prueba las tareas múltiples de manera subconsciente

No debes realizar múltiples tareas para cosas muy importantes, sin embargo, cuando realmente estás tratando de concentrarte, puedes realizar tareas múltiples para aumentar tu concentración, haciendo cosas como masticar chicle. El *multitasking* puede ser algo beneficioso si una tarea puede ayudarte a mejorar la otra.

. . .

Por ejemplo, antes mencionamos doblar la ropa mientras ves la televisión. Para algunas personas, doblar la ropa en una habitación silenciosa y vacía puede ser aburrido, puede ser difícil concentrarte en la tarea y tal vez pienses en un millón de otras cosas que podrías hacer mientras estás sentado/a doblando la ropa.

Puede ser fácil postergar esta tarea porque estás aburrido/a y no te interesa. Sin embargo, si te dejas caer frente al televisor con una gran pila de ropa sucia, será mucho más fácil hacerlo. Estás haciendo tareas múltiples pero al final te estás ayudando a ti mismo/a, porque es más fácil terminar la tarea.

Una tarea múltiple subconsciente sería algo como chupar una menta mientras estudias. Cuando vayas a hacer la prueba, puedes chupar el mismo sabor a menta, y eso hará que sea más fácil recordar lo que estudiaste, ya que tu cerebro inconscientemente ha hecho esa asociación. A veces, poner todo tu enfoque y atención en una tarea es difícil, porque puedes no reflexionarlo.

Es fácil descartar una tarea porque no parece que esté ayudando efectivamente a tu mente. Por ejemplo, hacer ejercicio puede resultar muy difícil para muchas personas; si no tienes una gran capacidad de concentración para centrar 30 minutos de tu día en hacer ejercicio, puede ser muy difícil motivarte para ir al gimnasio. Es posible que odies la limpieza por la misma razón, suele ser una actividad que no reflexionamos, sino que simplemente hacemos con el cuerpo.

Si tu mente divaga demasiado, eventualmente convencerás a sus pies de hacer lo mismo. Es por eso que las tareas múltiples subconscientes ayudarán, porque llenan ese ruido de fondo que te impide terminar las tareas. Cuando estás lavando platos y eso te lleva 30 minutos, es posible que estés lavando cada plato individualmente pensando para ti mismo/a *"no tengo tiempo para hacer esto"*. Cuando tienes tantas tareas, tu cerebro no es paciente, y esa impaciencia hace que te desanimes de la tarea. Tal vez te digas *"bueno, no tengo que lavar los platos ahora mismo, necesito volver al trabajo"* y entonces vas a trabajar, pero te estresas porque tu casa sigue siendo un desastre. Puede ser un ciclo sin fin.

Nuestra ansiedad nos vuelve esporádicos con las tareas porque solo queremos terminar las cosas. Queremos sentirnos realizados y que se alivie ese estrés, por lo que nos aferramos desesperadamente a algunas tareas. Al agregar algo a tu subconsciente que llene esos pensamientos ansiosos, te será más fácil concentrarte. Es por eso que hacer algo como hablar por teléfono, ver videos o incluso configurar un televisor frente a una caminadora podría ser la clave para hacer ejercicio.

Escuchar *podcasts* y audiolibros mientras limpias puede hacer que tus pensamientos estén más enfocados y te sientas realizado/a: no solo limpiaste la casa, sino que también escuchaste un libro completo. Puedes hacer llamadas telefónicas y ponerte al día con amigos y familiares mientras estás organizando tu armario; incluso puedes reproducir videos o *podcasts* para aprender un nuevo idioma mientras te sientas y coses, tejes o haces otra cosa con las manos.

Siempre que las tareas ocupen diferentes partes de tu cuerpo para ser completadas, puedes emparejarlas para mantener mente, cuerpo y alma enfocados en lo más importante.

Estás aumentando tu autocontrol al dejar ir esos pensamientos ansiosos que te dicen que pases rápidamente de una tarea a otra. La presión y la ansiedad que secuestran tu atención se pueden aliviar ahogándolas con otra cosa.

3

Aprende a establecer prioridades

S<small>I BIEN ES</small> posible que no puedas reducir tus tareas o dedicarles más tiempo, puedes comprender lo importante que es establecer prioridades. Al priorizar las cosas correctas, se vuelve mucho más fácil terminar con tu horario de la manera correcta. No siempre es fácil saber qué tareas son de suma importancia o cuándo debes comenzarlas.

¿Alguna vez alguien te ha dicho que necesitas establecer prioridades? A menudo, no es necesariamente lo que estamos haciendo, sino el orden en que lo hacemos. A veces se trata de aquello a lo que estás prestando atención y aquello que estás pasando por alto.

· · ·

Yo solía ser terrible para priorizar. Odiaba hacer horarios porque me estresaba, no me gustaba planificar las cosas porque nunca sentía que sería capaz de hacer todo. Una vez que me sentaba y anotaba todas mis tareas, me sentía absolutamente abrumado. Mi plan de acción solía ser sentarme todos los domingos o lunes y enlistar todas mis tareas. Me gustaba intentar relajarme los domingos, pero a veces me estresaba tanto el trabajo abrumador que tenía que hacer que la única opción que tenía era crear un horario. Me sentaba y enumeraba cada pequeña tarea, poniendo cosas que sabía que tenía que hacer pero también cosas que quería hacer y cosas que probablemente debería hacer si tuviera la oportunidad.

Podría pensar en un sinfín de cosas y crear los horarios más elaborados y detallados, sin embargo, no estaba priorizando las cosas correctamente. Estaba creando un horario que solo *quería* hacer. Era un programa creado para la mejor y más perfecta versión de mí mismo, pero desafortunadamente no siempre fui lo mejor. Me gustaban los horarios por todas las razones equivocadas: no porque estuviera emocionado o feliz por ellos, sino porque creía que, al final del día, me harían sentir orgulloso de mí mismo. Quería hacer lo mejor posible.

Siempre estuve preocupado por eliminar tareas y borrar mi lista de pendientes. En realidad, no me importaba ninguna de las tareas y mucho menos completarlas, no sentía pasión, emoción ni alegría al evaluar mi lista de tareas pendientes; en cambio, me sentía como si estuviera viviendo la vida de otra persona. Yo planeaba la lista perfecta de tareas pendientes, pero una vez que llegaba el momento de realizarlas, no podía; me abrumaba tener tantas cosas que hacer.

Mi productividad aumentó rápidamente cuando supe lo que realmente significa priorizar. Un método que descubrí en mis estudios fue crear una lista con siete a diez elementos que hacer todos los días. Lo único que requiere este método es numerar los elementos de mayor a menor importancia y luego, cuando te despiertas al día siguiente, comienzas de inmediato con la tarea más importante; continúas y haces todo lo que puedas. Al final del día, haces una nueva lista. Observas las tareas que no hiciste y las agregas a la lista siguiente; estas tareas pueden ser los elementos 7-10 de la lista anterior, por lo que se convertirán en los elementos 1-4 de mañana.

Esto ayuda porque la noche anterior sabes exactamente qué debe hacerse al día siguiente. No tienes que planificar una semana estricta que podría terminar saliendo mal si una pequeña cosa toma demasiado tiempo. Implementé esto y en los primeros días rápidamente me volví más productivo.

. . .

Siempre tuve formas complejas de intentar terminar mi agenda, primero pondría lo que menos quería hacer, con la esperanza de terminarlo rápido y dejar lo mejor para el final. Pondría muchas tareas en el medio, tratando de meter todo lo que pudiera en mi agenda, agregaría cosas divertidas aquí y allá que sabía que me mantendrían interesado. En cambio, me sentía abrumado. Era como si estuviera tratando de secar mi auto mientras llovía.

Comencé a implementar este nuevo método y todo se volvió mucho más fácil. Empecé con la tarea más importante del día, trabajé en períodos fragmentados, dándome descansos entre tareas.

Durante esos descansos, a veces revisaba una lista adicional de tareas pendientes, eran como tareas de bonificación que no era necesario hacer, pero si lo hacía, me daría un pequeño impulso en la autoestima. Podría ser algo como limpiar un armario o revisar una caja de recuerdos.

Estas pequeñas tareas me llevarían cinco o diez minutos, pero luego, al final de la semana, sumarían cosas enormes. En lugar de decir *"tengo que limpiar mi armario y eso le va a quitar dos horas a mi horario"*, revisaba pequeñas secciones de mi armario durante esos mini descansos. Serían tareas fáciles y sin sentido que me mantendrían ocupado para no pensar en el trabajo.

Es posible que este método no funcione para ti o que sea tu salvación. No necesariamente voy a presionarte con ese método exacto todo el tiempo, pero hablaré sobre los principios básicos que involucran mini descansos y priorización de tareas de manera efectiva.

Comprende tus metas y valores

¿Qué es una meta?, ¿qué significa para ti tener metas? Nunca creí realmente en las metas mientras crecía, pensaba que eran vacías, inútiles y una fantasía salvaje.

Claro, tenía metas como todos los demás, quería ganar suficiente dinero para pagar mis deudas, quería comprar una casa, ponerme en forma y conseguir un ascenso. Tenía todos estos deseos, pero estaba confundiendo mis deseos, anhelos, esperanzas y sueños con metas.

Las metas son resultados realistas que estás tratando de lograr activamente. Decir "*quiero perder peso*" es un deseo, una fantasía, una idea; pero decir "*quiero perder 10 kilos en 8 meses"* es una meta real, has establecido algunos criterios importantes. Para empezar, un objetivo como este es específico, es una situación legítima que te brinda una base sólida para comenzar.

Por supuesto, todas las metas comienzan con sueños más generales, como querer estar más delgado/a o saludable, pero después de eso, necesitas una base sólida que te permita comenzar un plan realista para lograr esas metas. Este objetivo también se puede rastrear fácilmente, midiendo si puedes o no mantenerte al día con este objetivo mientras intentas lograrlo activamente. Es realista y algo que realmente puedes lograr.

Un objetivo como *"quiero el cuerpo perfecto"* puede ser difícil porque entonces tienes que definir "perfecto".

Podrías perder 40 kilos, pero ¿eso significa que tienes el cuerpo perfecto? Si bien es bueno tener una visión de un cuerpo perfecto para motivarte durante todo el proceso, aún necesitas metas para que sea más fácil medir si estás o no encaminado.

Otro factor importante a tener en cuenta sobre este objetivo es que sea realista. Si dijiste *"quiero perder 20 kilos en 3 meses"*, tienes un objetivo completamente irreal. Potencialmente, podrías perder tanto peso si tuvieras una enfermedad crónica, te sometieras a una cirugía extrema o si tomaras otras medidas peligrosas que podrían tener efectos alternativos negativos para la salud en general.

Lo más importante de todo es que un objetivo tiene un periodo de tiempo. Puedes ajustar ese objetivo después de haber pasado una fecha límite, pero en su mayor parte, será un nuevo objetivo en ese momento.

Al establecer metas, comprender tus valores te ayudará a definir estos resultados y los medios que estás dispuesto o dispuesta a tomar para lograrlos, ¿qué valores no podrías comprometer?

Por ejemplo, tal vez estés esperando ganar un millón de dólares para tu empresa el próximo año. ¿Qué pasa si te ofrecen comprar una parte a un alto precio? Podría ayudarte a lograr ese objetivo personal, pero es posible que ese dinero no se reintegre a la empresa, o podría ayudarte a lograr más objetivos para la empresa, pero es posible que no puedas tener tanto control sobre las decisiones. ¿Es esto algo que estás dispuesto/dispuesta a comprometer para lograr una meta parcial? Tus virtudes son como tus valores o reglas.

· · ·

También hay leyes personales que respetas.

Algunas personas se adhieren a lo que el sistema de justicia penal vigente dicta que es justo, podrías simplemente seguir el código penal de la ubicación geográfica en la que vives. Otros prefieren seguir estrictamente sus religiones, también puedes hacer esto, pero es preferible crear valores propios para tu comportamiento.

¿Qué es lo correcto para guiarse y en qué debes enfocar tu atención? ¿Qué hay fuera de los fundamentos morales y qué te haría sentir cómodo/a al permitir? Estas no son preguntas fáciles de responder, pero conocer tus propios ideales hace que juzgar y controlarse sea mucho más fácil. Puedes crear una base ideológica para la forma en que percibes y juzgas los escenarios en los que te encuentras.

Actividades de mayor valor

¿Te has encontrado alguna vez haciendo algo, ya sea una tarea constante o un evento único, y te preguntaste por qué estabas haciendo eso? Se necesita un aburrimiento o incomodidad extremos para obligarse a hacer esa pregunta.

Si te lo estás pasando bien y disfrutas de los

momentos que pasan, no te preguntarás *"¿por qué estoy haciendo esto?"*

Solía participar en tareas sin sentido que realmente no me proporcionaban mucha felicidad. Hacía los mismos movimientos, día tras día, despertando, yendo al trabajo, volviendo a casa, yendo a la cama, despertando, yendo a trabajar, volviendo a casa, yendo a la cama. La mayoría de nosotros conoce este ritmo continuo que nos mantiene atrapados en el mismo ciclo. No me sentía miserable, pero no estaba tan feliz como podría.

Una parte importante de esto se debió a que no me estaba cuidando. No estaba involucrando cosas en mi vida diaria que me acercaran a mis metas, solo me mantenía estancado, flotaba en la superficie y dejaba que la corriente me llevara a donde quisiera en lugar de intentar nadar a mi manera. Pasaba la mayor parte del día cumpliendo con tareas sin valor o de bajo valor.

Conforme envejecía, me di cuenta de que mi tiempo tenía valor y yo lo estaba regalando a todas estas cosas que realmente no importaban, no estaba usando mi tiempo para algo de provecho. No siempre se trata de ser productivo/a, sino de encontrar ese valor incluso en los momentos que aparentan no tener sentido.

. . .

Simplemente sentarme en el sofá comiendo las sobras mientras veo un programa de televisión que ya he visto podría proporcionarme valor si aprovechara ese momento al máximo. Reír con un amigo mientras ambos vemos la televisión, o incluso notar algo diferente en el programa que no había visto antes, podría representar valor en esos momentos. Ahora me aseguro de incluir más actividades de alto valor en mi agenda, pero incluso cuando experimento esas actividades de poco valor o sin valor, sé cómo aprovechar al máximo esos momentos, ya no dejo que la corriente me lleve, sino que controlo a dónde voy.

A veces, todavía puedo fluir en la misma dirección que la corriente, pero sigo empujando a los que simplemente flotan.

Puede que tenga que empujar contra corriente en otros momentos, pero esto generalmente me lleva a un lugar apartado donde otras personas no se han aventurado.

Hay tres categorías en las que se pueden priorizar las metas:

1. Actividades de alto valor
2. Actividades de bajo valor
3. Actividades sin valor

Las actividades de alto valor ayudan a acercarte aún más a tu meta. Estos son métodos, mentalidades e intentos activos para trabajar en el cumplimiento de las metas que te has fijado. Una actividad de alto valor es aquella que te proporciona ese primer salto para alcanzar tu objetivo.

No todas las actividades de alto valor están necesariamente relacionadas con tu objetivo. Por ejemplo, si deseas perder 10 kilos, obtener una membresía en un gimnasio podría considerarse una actividad de alto valor, pero también ordenar tu hogar podría serlo.

Tal vez la idea interminable de tener que limpiar la casa te haya dejado desmotivado/a, tal vez sea difícil para ti hacer ejercicio en casa debido a estas distracciones, pero no puedes pagar una membresía en el gimnasio, por lo que no haces ejercicio en absoluto. Si algo puede ayudarte activamente a acercarte más lograr tu objetivo, incluso si aparentemente se relaciona con él, puedes considerarlo una actividad de alto valor.

. . .

Las cosas generales que todos deberíamos estar haciendo, como llevar una dieta saludable, dormir las horas adecuadas, desestresarse y hacer ejercicio, también se clasifican como actividades de alto valor.

Las actividades de bajo valor son cosas que no necesariamente te hacen productivo/a, pero aún te brindan valor personal, por lo que no son algo que debamos desechar y dejar de hacer. Si constantemente realizas actividades de alto valor durante el día, llegarás al agotamiento.

Podrías hacer ejercicio todo el día, estudiar todo el día, acumular horas extra en tu trabajo y ser constantemente productivo/a, pero con el tiempo, llegará a un punto de ruptura, y puede ser más difícil recuperarse de eso; es mejor permitir actividades de bajo valor en tu vida. Una actividad de bajo valor es, por ejemplo, ver televisión. No necesitas hacerlo en un momento dado para ayudarte a lograr una meta, pero aun así te proporciona algo de valor.

Las actividades sin valor son cosas que no tienen sentido, por ejemplo, acceder a las redes sociales repetidamente durante el día. A pesar de que las revisaste hace solo 30 minutos, no hay nada realmente nuevo y solo estás perdiendo el tiempo.

. . .

Puedes comenzar a realizar un seguimiento de tu tiempo como ya comentamos, y también clasificar todas las actividades como de alto valor, de bajo valor o sin valor. Algunos incluso podrían considerar actividades de valor medio como hacer ejercicio o dieta: si ya haces ejercicio todo el tiempo y tienes un cuerpo sano y en forma, tal vez esté bien que te saltes el día de gimnasio de vez en cuando. Si eres alguien que no se ha ejercitado desde que estaba en la escuela secundaria, esa podría ser una historia diferente.

Lo que es de alto valor y lo que es de bajo valor en tu vida será específico para ti y tú lo determinará, lo importante a recordar es, sobre todo, que estás prestando especial atención a encontrar ese equilibrio entre valor alto y bajo. También deseas considerar las cosas que te privan de esas actividades de alto valor, esto sería beber alcohol, comer en exceso, consumir drogas, chismear o ver programas que no te brindan ningún tipo de felicidad, etc.

Si algo está ocupando algunos de los momentos valiosos de tu vida sin proporcionarte ningún valor, es hora de considerar eliminarlo. La cuestión es que la mayoría de nosotros sabemos cuáles son estas actividades sin valor: las personas que beben en exceso no suelen argumentar que sea necesariamente saludable para ellas. La mayoría de las veces es más fácil ignorar la realidad de la situación, pero entonces se requiere autocontrol para evitar estas actividades sin valor. Lo mejor que puedes hacer para evitar estas cosas y desarrollar tu fuerza es planear con anticipación.

Planifica con anticipación

Lo que pasa con el tiempo es que nunca habrá suficiente. Incluso si los segundos fueran en realidad minutos y los minutos fueran horas, todavía sentiríamos que no tenemos suficiente tiempo; el perdernos de algo nos hace darnos cuenta de lo valioso que es. La planificación no solo es importante para aprovechar al máximo el tiempo del que dispones, sino para darte la oportunidad de centrar tu atención. Es difícil concentrarse en la tarea en cuestión cuando no estás muy seguro/a de qué necesita tu atención en este momento.

El pánico, el estrés.... todo eso se debe a que no tienes la fuerza dentro de tu cabeza para decir no a las cosas malas y decir sí a las buenas. ¿Qué puedes hacer?

Planear con anticipación. Para comprender cómo percibimos el tiempo, considera esta analogía:

- Si alguien tuviera un vaso de agua y te ofreciera un sorbo del vaso en el que ha estado bebiendo dentro de tu propia casa, probablemente lo rechazarías; realmente no quisieras compartir un vaso con esta persona, y podrías ir a buscar tu propio vaso de agua si quisieras.
- Si ustedes dos hubieran estado varados en el desierto durante dos días sin agua, ciertamente beberías de ese vaso.

Piensa en eso como en el tiempo. No es que necesariamente nos falte tiempo, es solo que, cuando comienza a agotarse, nos damos cuenta de lo precioso que es en realidad. Al planificar las cosas con anticipación, ves que el momento ideal es ahora; eres capaz de reconocer y pensar *"vaya, esto sí es posible"*. Muchos de nosotros probablemente hemos mirado nuestros horarios antes y hemos pensado *"bueno, espero que pueda manejar eso"*, definitivamente soy culpable de esto y de hacer horarios que no creo que sean realistas.

No es que no pudiera terminar las tareas, simplemente me estaba presionando demasiado para hacer muchas cosas a la vez. Para planificar con anticipación, existe un primer paso obvio que es crear tu horario. Establece tus tareas priorizadas, desde las más importantes hasta las menos importantes: ¿con qué no podrías salirte con la tuya si no lo hicieras?, ¿qué es algo que hay que hacer absolutamente antes de que llegue mañana?

Esto debería ir al principio de tu lista. A partir de ahí, clasifica las siguientes tareas.

Crea un diseño realista de lo que esperas lograr en un día. Mi método para hacer esto es crear mi lista de "los diez mejores" del día: pienso en diez cosas que espero hacer al día siguiente, sin importar cuán grandes o pequeñas sean. Luego las organizo del 1 al 10, siendo 1 el más importante y el 10 no tan importante. Por ejemplo, un lunes podría verse así:

1. Escribir 5 páginas
2. Editar mi escritura
3. Cocinar la cena
4. Ir a caminar 30 minutos
5. Pagar la factura de la luz
6. Pagar la factura de Internet
7. Leer 10 páginas
8. Doblar la ropa
9. Limpiar el baño
10. Lavar las ventanas

Al final del día, solo pude completar las tareas 1-8 y ahora que se acerca el martes, haré mi lista para mañana.

En algunos días en los que mi agenda está muy llena, los últimos elementos podrían convertirse en los números

1-2 del día siguiente. Sin embargo, limpiar el baño no es más importante que el trabajo, por lo que mi martes podría verse así:

1. Escribir 5 páginas
2. Editar mi escritura
3. Cocinar la cena
4. Ir a caminar 30 minutos
5. Leer 10 páginas
6. Doblar la ropa
7. Limpiar el baño
8. Lavar las ventanas
9. Organizar el armario
10. Quitar maleza del jardín

Limpiar el baño está todavía al final de la lista el martes porque no es tan importante ya que todavía no está demasiado sucio. Ahora bien, si para el viernes el baño se ha retrasado todos esos días, entonces podría convertirlo en mi número 3 o 4 en la lista, probablemente esté bastante sucio en ese momento y necesite una mayor prioridad.

Este método me ayuda a saber lo que tengo que hacer sin sentirme mal conmigo mismo si no puedo terminar todo. Cuando planificas las cosas de manera eficaz y realista, le comunicas a tu cerebro: *"Puedo hacer esto, lo tengo, soy capaz de completar esa tarea en dos horas. Sé que podría hacerlo en 45 minutos, pero me voy a dar ese tiempo para considerar cualquier imprevisto. Cuando me sobra tiempo, puedo usarlo para algo aún mejor".*

Prueba este método por ti mismo/a con tus diez tareas. Una vez que hayas hecho eso, tendrás que considerar si esas tareas deben ser la máxima prioridad o si mañana tendrás nuevas prioridades. Tu horario debe ser una base flexible para que las cosas más importantes se hagan todos los días. Después de eso, deseas tener una o dos tareas de respaldo.

Probablemente puedas pensar en cinco o diez cosas desde el principio que podrían considerarse tareas de respaldo, como limpiar tu antiguo armario, comenzar un nuevo proyecto que siempre has tenido en mente o limpiar finalmente la ropa de la máquina de ejercicios.

Todas estas cosas puedes dejarlas en un segundo plano y esperar que eventualmente se realicen, sin embargo, cuando estés planificando tu día, solo realiza una o dos tareas de respaldo.

Si enumeras 10, aunque sepas de manera realista que nunca podrías completar todas, te presionas. Solo planifica las cosas que puedas imaginarte haciendo de manera realista. Si pones 10 cosas en tu lista, aunque sepas que no puedes hacerlo, cuando llegue el día siguiente y no llegues a ninguna de ellas, te castigarás.

Te sentirás mal porque pensarás *"vaya, realmente no hice nada. Ni siquiera podría haber hecho una de esas pequeñas cosas"*. Ten una idea realista de lo que se hará mañana.

Dale la cantidad adecuada de tiempo a las tareas

Una vez que hayas priorizado tus tareas, dale a cada una el tiempo promedio que te toma completarlas.

Tuve problemas para mantener mis horarios porque el tiempo que les asignaba nunca era realista, por ejemplo, una tarea como leer 40 páginas a veces me puede llevar tan solo 30 minutos, y otras veces me puede llevar hasta 2 horas, según el tema y el tamaño de la página. Por lo general, me toma entre 45 minutos y una hora.

Cuando creaba mis horarios en el pasado, me asignaba unas 30 páginas para leer al día; esperaba hacerlo en treinta minutos, y mi tiempo récord podía ser de veinte.

. . .

En mi horario, solo me daría 20 minutos para completar esta tarea, cuando realmente debería haberme dado toda una hora. Así, la mayoría de las veces terminaría antes, y luego podría hacer una tarea de respaldo.

Con mayor tiempo me siento mejor conmigo mismo al final del día porque hice lo que tenía que hacer y algo más, en lugar de perder continuamente mis metas.

El hecho de que fuera posible hacer algo rápidamente una vez no significa que esa sea la base de lo que debemos esperar; ese periodo de tiempo de 45 minutos debería ser tu desafío diario, deberías querer seguir batiendo tu récord. Sin embargo, no puedes establecer el récord como norma porque entonces te estás preparando para el fracaso todos los días.

Una vez que hayas asignado el tiempo a estas tareas, puedes completar tu horario. Nuevamente, sé realista, especialmente cuando te despiertas y cuando te acuestas. Si eres el tipo de persona que se despierta todos los días a las ocho en punto sin ningún problema, entonces apégate a eso, tal vez finalmente puedas comenzar a despertarte a las 7:45 y luego a las 7:30 y agregar pequeñas tareas de

10 o 15 minutos antes de comenzar tu día. Sin embargo, si eres alguien que tiene dificultades para levantarse de la cama antes de las 10 am y normalmente duermes más tarde, no programes las tareas para las 7 am.

Por supuesto que es maravilloso ser ambicioso/a, pero no es realista.

Deseas ir avanzando gradualmente hasta llegar al periodo de tiempo deseado, así que empieza por asegurarte de poder despertarte a las 10 en punto todos los días. Una vez que hayas trabajado en esto durante dos semanas, reduce este tiempo en intervalos de 15 a 30 minutos.

Pasar de levantarte de la cama alrededor de las 11 todos los días a despertarte exactamente a las 7 de la mañana es como si alguien intentara dejar de fumar sin parche ni chicle: tu cuerpo no está acostumbrado, tu mente no está acostumbrada a eso y no podrás hacer un ajuste rápido. Algunas personas pueden, no digo que sea imposible, solo digo que la mejor base para que logres estas cosas de manera realista es darte períodos graduales e incrementos lentos.

Evita los horarios estrictos

. . .

Planear para prevenir desastres es importante. Digamos que te despiertas y tienes gripe, ¿qué vas a hacer?, ¿cuál es tu plan de respaldo?

Tuve otro problema al crear horarios porque eran muy frágiles: si un amigo me llamaba inesperadamente y hablábamos durante treinta minutos poniéndonos al día, eso arruinaría el resto de mi día. Si pasaba diez minutos de más en una tarea, me estresaría hasta el punto de no poder completar la siguiente.

El problema era que estaba creando horarios muy rígidos y si algún suceso insignificante los estropeaba, entraba en pánico. No quería programar tiempo extra porque me hacía sentir que no estaba siendo eficiente.

Sin embargo, como las cosas seguían fallando y nada parecía funcionar, tuve que reevaluar mi horario y parte de eso significó darme más espacio para respirar.

A pesar de que estaba programando tiempos más largos para completar las tareas, me las arreglé para ser más productivo con esa libertad. Si bien deseas ser capaz de comprometerte y ceñirte a un horario a diario, tampoco puedes hacer que tu vida dependa de ello. Esto significa que no postergues tu trabajo, no programes todas las tareas importantes para el jueves. Puede que estés bien de lunes a miércoles, pero luego llega el jueves y estás completamente inconsciente por un resfriado, no puedes hacer nada y ahora tendrás que trabajar todo el fin de semana. En su lugar, haz esas tareas los lunes y martes, de esa manera, si ya están programadas y sucede algo, puedes reajustar tu horario para el resto de la semana. No puedes retroceder en el tiempo, pero puedes planificar el futuro; prioriza por importancia.

También es muy fácil pensar que todo irá bien todo el tiempo, nadie quiere anteponerse a un desastre. No querrás estresarte antes de tiempo pensando en cómo se pueden congelar tus tuberías y luego tendrás que hacer que el plomero venga, no querrás pensar en alguno de tus hijos enfermo, no querrás pensar en alguien golpeando tu auto, no querrás pensar en resbalarte y caer sobre el hielo rompiéndote la muñeca.

Todas estas cosas son horribles y ninguno de nosotros quiere tener que vivirlas, pero son reales, suceden y nadie lo planea.

. . .

Nadie piensa *"oye, mañana voy a tener un terrible accidente"*.

Si bien es posible que no puedas prepararte para un desastre financieramente, o incluso emocionalmente, puedes prepararte para él en tu horario, ayudando a prevenir que sucedan aún más accidentes. Esto significa darte de 5 a 10 minutos adicionales para cada tarea y darte espacio entre tareas para tomar pequeños descansos. De esta manera, si todo va según lo planeado, aún te estás dando tiempo extra. Estás quitando algo de esa presión y miedo.

4

Mantente optimista y vive el momento

POR ENCIMA DE TODO, tu actitud será la herramienta que más te beneficie en el proceso; si bien es posible que ahora no seas la persona más productiva, eso no significa que no puedas serlo en el futuro. Sin embargo, tu perspectiva puede ser algo que te detenga, darte cuenta de que eres tu mayor enemigo/a, puede ser una gran epifanía.

Hubo un momento en el que odié mi vida. Me despertaba decepcionado todos los días, me iba a la cama desanimado por no haber hecho más, odiaba todas las tareas que tenía por delante y odiaba tener que hacer cualquier cosa.

. . .

Tenía sueños que quería lograr en la vida, pero no estaba trabajando activamente para lograrlos, solo estaba tratando de sobrevivir, sintiéndome miserable por tener que hacer cualquier esfuerzo. Me la pasaba estresado, el mundo no era justo, todos querían atraparme; tenía que pagar facturas, tenía que hacer feliz a la gente, tenía que impresionar a los demás y tenía que hacer todo esto por mí mismo, ¡una persona que ni siquiera me gustaba!

El estrés me carcomió. Me preocupaba no estar teniendo éxito, tenía miedo de no poder pagar las facturas, estaba constantemente consumido por la duda y el miedo. Siempre me pregunté por qué no podía hacer nada, siempre estaba procrastinando, estresado y preocupado. Entonces me di cuenta: era este mismo estrés lo que me retenía, era la ansiedad por hacer *algo* el mayor obstáculo en el camino para lograrlo. No era mi trabajo lo que era difícil, sino la mentalidad que tenía al respecto, esa fue una de las cosas más difíciles de superar.

Ser una persona positiva no significa que seas ciego/a.

Siempre sentí resentimiento hacia la gente optimista por esa razón, pensaba que simplemente se estaban alejando del mundo real, pensaba *"bueno, ¿no saben cuántas personas están sufriendo en el mundo?, ¿no son conscientes de que suceden muchas cosas malas todo el tiempo?, ¿no comprenden que la vida no es justa? ¿Cómo puedes ser optimista en un mundo tan cruel?, en un lugar donde los animales sufren daños, la gente sufre, la guerra es constante y el hambre está en todas partes, ¿cómo puedes ser feliz? ¿Cómo puedes ser positivo?"*

Una vez que supe cuáles eran mis patrones de pensamiento negativos, comencé a investigarlos realmente. Cuando me pregunté *"¿qué razones hay para ser positivo?"*, empecé a responderme con *"¿cómo ayuda la negatividad en todo esto?"*. Cuando comienzas a mirar a figuras notables en el mundo, que realmente han cambiado las cosas para mejor, te das cuenta de que muchas de ellas tenían una cosa en común: tenían una perspectiva positiva.

Nadie se levanta, se para detrás de un podio y da un discurso increíble y verdaderamente conmovedor hablando de cómo todo apesta y nada importa. Seguro, eso podría ser cierto, nadie dice que esa perspectiva esté mal.

No te estoy diciendo que ser feliz sea bueno y ser negativo sea malo, ambas posiciones son bastante neutrales aquí.

Sin embargo, la única persona a la que le duele cuando tienes una perspectiva negativa es a ti mismo/a. Creer

NATHANIEL DAVIDS

que el mundo es un mal lugar y que todo es terrible no resuelve los problemas y si bien puede que no sea necesariamente falso, no estás logrando nada. Ser positivo/a tampoco soluciona automáticamente los problemas, sin embargo, ayuda a aliviar esa presión que te impide lograr cosas.

Digamos que estás en tu recta final del semestre universitario. Tienes dos proyectos para terminar y un gran examen para estudiar: un proyecto es fácil y realmente disfrutas haciéndolo, la prueba es extremadamente difícil y no sabes cómo vas a aprobar, el otro proyecto que tienes que hacer requiere mucho tiempo, por lo que, si bien tienes una idea de qué hacer, no necesariamente sabes si tendrá tiempo suficiente para hacerlo.

Quiero que te imagines ahora a dos estudiantes en la misma situación.

Un estudiante es negativo, no entiende por qué tiene que hacer este estúpido proyecto que realmente no le ayuda a aprender nada y parece una pérdida de tiempo. Es probable que el maestro ni siquiera lo revise por completo, todos los demás en la clase lo harán mejor. Probablemente va a reprobar su examen, entonces, ¿qué importa?, ¿cuál es el punto de hacer cualquier cosa?

Simplemente se graduará de la universidad y luego seguirá adelante. Quién sabe si esto ayudará a garantizar un buen trabajo, ¿por qué molestarse?

El otro estudiante piensa *"bueno, no tengo nada que perder.*

Si obtengo una mala calificación en esto, al menos sabré en qué soy bueno y en qué soy malo. Si me va muy mal en los exámenes finales este año, eso solo significa que tal vez debería reconsiderar mi especialización el próximo semestre. Muchos de mis ídolos han fallado en el pasado y nunca se rindieron, lo único que tengo que hacer ahora es estudiar, nada más me facilitará las cosas. Estaré bien si simplemente continúo, solo quedan cinco días más".

¿Qué estudiante crees que terminó haciendo mejor su proyecto? Ninguno de los estudiantes estaba necesariamente equivocado, no se trata de estar equivocado o correcto ni de tener la mejor perspectiva. Se trata de tener la perspectiva que te haga más productivo/a en el proceso. Para concentrarte realmente en algo, debes estar presente en el momento, debes prestar atención a todo lo que está frente a ti.

Si tus pensamientos están en el futuro y lo que va a suceder, entonces no podrás concentrarte en la tarea. Si estás pensando constantemente en todos los arrepentimientos que tienes y en cómo deberías haber comenzado antes, tampoco vas a terminar la tarea. Lo único que completará la tarea eres tú y poner tu atención en ella. Es por eso que la positividad puede ser una de las cosas más beneficiosas para este proceso.

Sé positivo/a para aumentar tu atención

Algunos estudios sugieren que las emociones positivas incrementan la capacidad de concentrarnos mejor.

El estrés puede mantenernos distraídos y preocupados, es difícil prestar atención a las cosas importantes si temes los resultados. Entonces, ahora que sabes que la vida se trata de ser positivo para ser más productivo, ¿cómo lo haces exactamente? Cuando todo es aparentemente terrible, ¿qué es lo que puede hacerte sonreír?

Para mí, una de las cosas más importantes y efectivas que ha cambiado drásticamente mi vida es practicar la gratitud. Una vez más, la positividad y la gratitud no son cegarse a las cosas malas, sino simplemente no dejar que éstas controlen tu vida. Tener gratitud significa ser consciente de lo bueno, no tienes que celebrarlo necesariamente ni estar extremadamente feliz o emocionado/a por ello, es simplemente reconocer que tienes privilegios, beneficios y grandes cosas en tu vida.

Por ejemplo, pensemos en una situación fácilmente gratificante. Elige una de las celebridades más ricas que conozcas, tienen fama y atención positiva de la gente, tienen una casa enorme para vivir, tienen toda la ropa, zapatos, carteras, autos y maquillaje que puedas desear.

Aparentemente lo tienen todo, y es fácil ver por qué tienen que estar agradecidos. Puedes mirar las cosas materiales que tienen, como su ropa y su casa o mirar cosas más importantes como el dinero y la fama.

Ahora, pensemos en alguien un poco menos afortunado. Vive en un apartamento tipo estudio en Nueva York que apenas le da espacio suficiente para vivir, su electricidad está a un pago atrasado de ser apagada y su alquiler es solo un par de cientos de dólares menos de lo que gana al mes. Parece que no puede encontrar un trabajo que le dé suficiente dinero para poder trabajar solo 40 horas a la semana. Todo es una lucha, y para colmo, acaba de encontrar una rata en su apartamento. Qué situación tan terrible, ¿verdad?

· · ·

Por supuesto, preferirías ser esa persona con una casa grande y elegante al hacer esta cruda comparación. Sin embargo, tienes que analizar realmente qué es la gratitud para comprender que una situación no es necesariamente mejor que la otra.

A menudo, la gente mide la felicidad por las cosas materiales, como el tamaño de su casa o la cantidad de dinero que tiene en su cuenta bancaria, cuando en realidad, la felicidad es algo que existe dentro de nosotros.

Ahora quiero que consideres por qué debe estar agradecida la persona que vive en el apartamento: en primer lugar, el hecho de que tenga un hogar es increíble. Mucha gente no lo tiene, pero esa persona, aunque no tiene mucho espacio, tiene una cama en la que descansar todas las noches. Tienen mantas que pueden mantenerle caliente, tiene calcetines secos en los pies, tiene la capacidad de ponerse de pie, cruzar su apartamento, abrir la puerta y salir. Puede leer un libro, escribir algo, enviar mensajes de texto a sus amigos, vivir en una de las ciudades más emocionantes del mundo; incluso puede comprender lo que significa estar agradecido por lo que puede ser un privilegio en sí mismo.

. . .

La celebridad, esa persona rica, también tiene mucho que agradecer.

Pero ahora imagina que pierden la capacidad de caminar, o quizás les diagnostiquen cáncer, quizás descubrieron que todos sus amigos y familiares los odian. No es solo el hecho de que alguna de estas situaciones sea mala, sino que esos objetos materiales por los podrían estar agradecidos entrarían en juego y ayudarían a equilibrar las cosas.

Lo que estoy tratando de señalar es que no importa cuál sea la situación, rico/a, pobre, sano/a, enfermo/a, siempre habrá cosas por las que estar agradecido. No hay una situación singular que sea perfecta o necesariamente mejor que cualquier otra. Lo que tenemos es lo que tenemos y tienes que aprovechar eso al máximo; en lugar de pensar en todas las cosas que deseas obtener, que esperar obtener, que deberías haber obtenido y por las que podrías haber trabajado más duro, puedes concentrarte en las cosas que te rodean ahora.

Vive el momento

. . .

Vivir el momento se trata de estar atento/a y consciente del presente.

Esto es esencial porque generalmente es el miedo lo que nos mantiene tan atrapados en nuestra propia mente, el miedo suele surgir de situaciones poco realistas, es una visión centrada en el resultado. Incluso si estás sentado/a en tu apartamento y escuchas un ruido fuerte en la otra habitación, sientes miedo a lo desconocido. Ese ruido fuerte podría haber sido tu gato saltando de una mesa o cinco intrusos que accidentalmente tiraron algo de tu escritorio.

El miedo también proviene de cosas que están fuera de nuestro control. Digamos que esos cinco intrusos entran en la habitación en la que estás sentado/a y te miran fijamente, de repente, ya no tienes ningún control porque eres tú contra cinco personas. El miedo vuelve a instalarse. Tememos cosas que están fuera de nuestro control en nuestro pasado, momentos en el tiempo que nos han sido arrebatados y a los que ya no podemos volver. No solo no podemos revertir lo pasado y hacer que las cosas salgan a nuestro favor, sino que éste también ha afectado cosas en el futuro sobre las que todavía no tenemos control.

El autocontrol se trata de vivir en el momento. Este es el núcleo del libro, este es el punto de lo que quiero que comprendas. No es fácil. En realidad, es muy difícil y la mayoría de la gente no puede hacerlo, ¡por eso estoy escribiendo un libro sobre eso! Quiero que pienses en un momento en el que estuviste extremadamente estresado/a en tu vida, si pudieras retroceder en el tiempo y no tener tanto miedo, ¿aún habría sido un momento tan terrible?

Piensa en la última vez que tuviste miedo y todo salió bien, ¿te arrepientes de haber tenido esa ansiedad?

Ahora considera la última vez que las cosas no funcionaron después de que ya estabas ansioso/a, ¿tener miedo ayudó a evitar que eso sucediera? ¿Pensar en el peor de los casos te impidió tener que vivir esas experiencias negativas? La respuesta probablemente sea no.

Sencillamente, van a pasar cosas malas. Si algo no funciona, potencialmente podrías prevenirlo, pero tener miedo no es la forma de hacerlo.

Estar informado/a y consciente es una buena opción porque te estás dando la oportunidad de pensar en las medidas preventivas que se deben tomar, sin embargo, demasiada reflexión solo puede robarte el presente.

. . .

Uno de mis amigos me enseñó qué era el *mindfulness* (la concentración mental plena) y cambió mi vida.

Cuando lo explicó por primera vez, realmente no tenía idea de lo que estaba hablando, no tenía ningún sentido para mí porque no sabía lo que significaba ser consciente. Hasta que no lo sientas realmente, no puedes entender lo que significa, o incluso describirlo a alguien, por eso quiero que lo practiques ahora mismo.

Una vez que termines de leer el siguiente párrafo, deja este libro y sé consciente:

Elige una cosa en la habitación que puedas identificar con cada uno de tus cinco sentidos, o sea, una cosa que puedas ver, una cosa que puedas tocar, una cosa que puedas oír, una cosa que puedas saborear y una cosa que puedas oler. No necesariamente tienes que hacerlo, si pudieras probar los dulces al otro lado de la habitación, no te estoy diciendo que te los comas; si puedes oler la caja de arena de tu gato, no tienes que acercarte y meter la nariz en ella. Quiero que simplemente identifiques estas cosas, podrías escribirlas si quisieras, pero en realidad solo se requiere señalarlas en tu cabeza.

. . .

Hazlo ahora y después vuelve a este libro.

Quizás no sentiste nada después de hacer eso, puede que todavía pienses que estoy loco y no sepas de qué estoy hablando. Sin embargo, la concentración plena no sucede de manera instantánea, es algo que haces de forma regular para continuamente regresar al momento presente.

Piensa en un salón de clases lleno de niños que están hablando, todo el mundo está distraído. El maestro chasquea los dedos y todos devuelven su atención a la pizarra: tus pensamientos son como esos niños pequeños.

Todos tienen estas conversaciones aleatorias, esporádicas y locas en tu mente, y tu enfoque y autocontrol son ese maestro que chasquea el dedo al frente del aula.

La concentración plena es ese chasquido, es esa reunión instantánea de todo lo que gira en tu mente y pone tu enfoque completo hacia el exterior.

. . .

Otro acto de concentración plena es identificar todo lo que hay en la habitación que es del mismo color, puedes explorar y contar cosas. Tal vez cuentes cuántas cosas puedes ver frente a ti sin mover la cabeza, o en cuántas cosas te puedes sentar. No tienes que recoger cosas de ciertos colores, tal vez elijas diferentes categorías en la habitación. Fíjate cuántas imágenes hay en la pared, cuántos aparatos electrónicos hay en la habitación, cuántos animales, cuántas plantas, cuántas personas. Ser consciente es simplemente estar físicamente consciente y tener el espacio para conectar el aspecto mental con él.

Considera los pensamientos que te distraen

¿Hay algún pensamiento que se repite una y otra vez en tu cabeza?, ¿eres el tipo de persona que, incluso si estuvieras en una habitación blanca sin distracciones, se las arreglaría para postergar las horas con sus propios pensamientos? No siempre es la tentación del Internet u otras tareas interesantes en tu casa lo que podría privarte de tu enfoque, podría ser tu propia mente.

A veces, la repetición constante, el miedo, la ansiedad, el estrés, el pánico y la preocupación pueden consumirte. Podrían devorarte durante todo el día, no solo robándote un tiempo importante que podrías dedicar a ser productivo/a, sino provocando un aumento de emociones negativas de otras maneras. Es fácil apegarse a un pensamiento, a veces nuestras mentes son como olas chocando contra roca y un solo pensamiento podría ser la única balsa a la que elijas aferrarte.

Para comenzar a darte cuenta de los pensamientos que pueden distraerte, primero sé más consciente de ellos.

Yo descubrí que era más fácil para mí escribirlos, si estuviera constantemente preocupado, empezaría a medirme el tiempo y si esta preocupación durase más de diez minutos, sería el momento de llevarlo a mi diario y escribirlo. Esto no hizo que el pensamiento desapareciera de inmediato, sin embargo, era la apertura que necesitaba para sumergirme más profundamente en ese pensamiento.

Cuando estés luchando con tu mente, comienza saliendo de ti mismo/a. ¿Cómo ayudarías a un amigo que tiene el mismo pensamiento negativo una y otra vez? Por ejemplo, digamos que te miras al espejo pensando que eres un fracaso, no hiciste ninguna tarea hoy y ahora sientes presión. ¿Qué tienes que decirte a ti mismo/a? Probablemente algunas cosas bastante desagradables.

· · ·

Ahora bien, si fueras tu mejor amigo/a (que deberías esforzarte por serlo), ¿qué dirías para hacerle sentir mejor? Si no te haría sentir cómodo/a decirle ciertas cosas a un ser querido, no deberías sentirte cómodo/a diciéndotelas a ti mismo/a.

A veces tienes que recordar el área gris entre el espectro blanco y negro que podrías haber creado en tu mente.

Podemos crear una escala en nuestra mente que a menudo determine cómo nos sentimos, esto a menudo se conoce como pensamiento en blanco y negro. Por lo general, esto implica ser muy duro con las cosas negativas y, con frecuencia, ignorar cualquier bien que éstas puedan aportar. Por ejemplo, si obtienes una calificación reprobatoria en un examen, podrías pensar que eres un fracaso mientras ignoras las otras 30 pruebas en las que tuviste éxito.

La culpa y el resentimiento pueden convertirse en heridas desagradables si no tienes cuidado. Mucha gente culpará a otros y a las circunstancias externas de sus defectos o situaciones negativas actuales; es posible que incluso hayas tenido conversaciones negativas con personas en tu mente, ¡solo alimentando esas emociones y sentimientos de odio! Hacer suposiciones o sacar conclusiones precipitadas también puede hacer que las cosas sean muy estresantes.

Tal vez tu jefe llegó hoy al trabajo y solo sonrió a medias, sin decir *"hola"* o *"buenos días"*; en lugar de suponer que te van a despedir hoy, debes considerar que puede haber comenzado mal el día, o tal vez tiene mal aliento porque olvidó lavarse los dientes, por lo que no quiere apestar la oficina; quizás su gato murió esta mañana, ¡quizás se siente miserable y no quiere sonreír! No puedes suponer que algo negativo te involucra directamente, a esto también se le llama personalización en algunos casos y es la falsa idea de que tenemos control sobre situaciones en las que en realidad no lo tenemos.

No pienses siempre en la peor situación posible. Cuando notes que tus pensamientos comienzan a viajar hacia grandes fantasías de cosas terribles, recuerda desafiar esos sentimientos, investígalos. ¿Son realistas?, ¿son plausibles?, ¿cuáles son las posibilidades reales de que sucedan? Sumérgete profundamente en el lugar de donde vienen: ¿Quién te dijo que deberías creer esto?, ¿dónde se plantó inicialmente esta idea en tu mente?

Siempre desafía tus pensamientos, no te permitas creer la primera idea que se te ocurra.

El autocontrol significa sumergirse profundamente en tu mente para enfrentar las cosas que te han estado frenando hasta ahora.

Maneja el estrés

El estrés tiene muchos más efectos en tu mentalidad de los que podrías imaginar y también puede tener efectos físicos en tu cuerpo. Por un lado, piensa en cómo podrías apretar la mandíbula y los puños, es posible que mantengas los hombros tensos y que te tiemblen las piernas. Te puede doler el estómago porque siempre lo mantienes apretado y tenso, y tu cabeza puede sentirse como si alguien la golpeara con un ladrillo.

El estrés no controlado puede conducir a problemas aún mayores y más graves, podrías tener ansiedad o depresión crónica. También puede desencadenar otros problemas de salud mental que ya tienes. El estrés incluso podría provocar un ataque cardíaco, diabetes o accidentes cerebrovasculares, si no se maneja adecuadamente.

Por supuesto, pueden surgir otras cosas junto con eso, pero en su mayor parte, debes reconocer que el estrés no es solo algo mental, es un proceso químico que ocurre en tu cuerpo.

El cortisol es una hormona que se libera cuando estás estresado/a. Hace que tu corazón lata más rápido, tu enfoque se vuelva más alerta al peligro presente y te prepara para usar tu respuesta de lucha o huida. Para tener un mejor autocontrol, debes aprender a manejar tu estrés, si bien ese cortisol puede aumentar tu concentración, tu atención se dirige hacia tus preocupaciones, la enfoca en buscar maneras de remediar la situación en lugar de trabajar realmente para solucionarla.

En lugar de intentar terminar tu tarea, intentarás buscar en tu cerebro nuevas tareas que podrían ser atajos. A veces, esto puede ayudarnos. Si estás tratando de estirar tus últimos $1000 para pagar tus facturas, probablemente puedas volverte bastante inteligente con el dinero y hacerlo funcionar cuando estés realmente estresado/a. Sin embargo, demasiado estrés puede privarnos de este tiempo.

Si estás demasiado estresado/a por hacer una tarea, puedes sentarte y pensar durante 30 minutos en cómo podrías reorganizar tu horario, cuando en realidad podrías haber terminado esa tarea en ese periodo de tiempo.

Hay algunos pasos para el manejo del estrés que he aprendido para ayudarme a llevar mi enfoque de regreso a donde debería estar. El primer paso es concentrarme en mi cuerpo, cuando me siento estresado, en lugar de intentar solucionar el problema, presto atención a dónde tengo esa tensión. A veces está en mis hombros, otros momentos tengo dolores de estómago, hay muchas ocasiones en las que tengo dolores de cabeza y siento que me tiemblan las piernas.

Lo primero que hago es notar esto y tratar de remediarlo. Si me duele el estómago me levanto y bebo un poco de agua, si me duele la cabeza hago algunos ejercicios de respiración y preparo un té caliente, si me tiemblan las piernas doy un paseo ligero, si mis hombros están tensos hago algunos movimientos rápidos de yoga y me estiro. Deshazte de esos efectos físicos y recuérdale a tu cuerpo que está a salvo.

El siguiente paso que doy es usar afirmaciones y un lenguaje positivo y compasivo para recordarme a mí mismo que estoy protegido. Me repetiré estas frases, diré cosas como *"estás a salvo. No va a pasar nada malo, estás bien. Eres fuerte y valiente"*. Lo último que hago es buscar una forma de solucionar el problema, si tengo mi solución, como simplemente hacer el trabajo, entonces puedo comenzar a concentrarme en eso.

Date la libertad de seguir sintiendo ese estrés, porque si intentas callar esa emoción, solo la empeorarás. Piensa en tu estrés como una pelota que rebota, imagina que alguien la hace rebotar con mucha fuerza y ahora no deja de volar por la habitación. En lugar de intentar capturar ese estrés y guardarlo en una caja, déjalo enloquecer, solo ten cuidado. Sumérgete en él y muévete como necesites, esquiva. No intentes detenerlo activamente, porque eso puede agotar tu energía, puede ser casi imposible y, a su vez, podrías golpear la pelota y hacerla ir aún más rápido. Mejor intenta simplemente alejarte del camino de la destrucción y concéntrate en protegerte, en lugar de tratar de detener el caos que te rodea.

También me gusta tener actividades y herramientas de respaldo que me ayuden a manejar mi estrés. Esto incluye tener cosas como un humidificador o una relajante vela de aroma, cosas pequeñas como tener plantas en mi casa o tocar música, la música es un gran alivio para el estrés.

Te insto a que crees tantas listas de reproducción para aliviar el estrés como te sea posible. Un gran error con la música para reducir el estrés que cometen las personas es simplemente crear una lista de reproducción de las canciones que les gustan. Si bien eso puede ser bueno para ayudar a impulsar la pasión e impulsar la concentración en el momento, a veces tu estado de ánimo no siempre es el mismo para las canciones que te gustan.

Trata de dividir tu música en categorías, de clasificar ruidos específicos al estado de ánimo que deseas provocar para evitar asociar ciertas canciones a cierto tipo de humor. También presta atención a las letras, aunque te guste la mezcla de una canción, inconscientemente, las palabras podrían afectarte.

Por ejemplo, si escuchas canciones tristes cuando estás tratando de motivarte para trabajar, aunque no estés pasando por una ruptura o no tengas ninguna relación, las palabras podrían hacerte sentir inconscientemente de una manera que no beneficie a tu trabajo. Controlar tu estrés es una de las mejores cosas que puedes hacer para controlar tus pensamientos.

5

Elige tu espacio y tiempo de trabajo

A VECES, el autocontrol se siente como algo interno. Si estás luchando por ignorar las distracciones y concentrarte en tareas importantes, no es solo tu cerebro lo que te está frenando, a veces, el espacio en el que estás trabajando puede ser la razón por la que te cuesta tanto trabajo. Cuando comencé a trabajar mi autocontrol, estaba completamente enfocado en la productividad, fui a mi oficina y despejé todo, la mantuve limpia, pura y libre de cualquier otra cosa que no fuera trabajo.

Después de aproximadamente una semana, comencé a sentirme mucho más triste; estaba haciendo las cosas, pero seguía siendo infeliz.

Mi productividad aumentó, pero mi nivel de pasión o entrega disminuyó. Si bien me libré de cualquier distracción adicional, también me quité la oportunidad de conectarme con un espacio de trabajo que me apasionara.

Puede que lo que haya en tu lugar de trabajo no esté funcionando bien, sin embargo, no asumas que tienes que igualar los espacios minimalistas que ves en todas partes: tu espacio de trabajo debe reflejar tu personalidad, con énfasis en fomentar tu productividad.

Crea un lugar de trabajo apropiado

Tu espacio de trabajo físico debe ser un área que te inspire a cultivar el éxito. La productividad proviene de lo que le indicas a tu cerebro, si te encuentras en un entorno que te estresa, no hay forma de encontrar productividad.

Considera la distribución, el diseño y la sensación general de tu espacio de trabajo, a mí me gusta incorporar colores crema, rosa pálido y verde en mi espacio de trabajo para proporcionarme una sensación de relajación sin dejar de estar en una zona neutral.

Los detalles en oro y madera me brindan creatividad e inspiración porque me conectan con la naturaleza, también estoy obsesionado con iluminar diferentes espacios. Como experimento, toma tres tipos diferentes de luces y ve a una habitación oscura. La primera luz puede ser una lámpara básica con una bombilla normal, la segunda sería una vela encendida y la tercera, una luz colorida. Si no tienes una, no hay problema, pero busca una fuente de luz diferente para experimentar. Alterna entre cada luz como la principal en el medio de la habitación, observa cómo todo se ve diferente. Cambiará la forma en que tus ojos perciben las cosas a tu alrededor.

También puedes experimentar iluminando los extremos opuestos de la habitación con este tipo de luz y notar la forma en que cambia el color de la pared.

Recomiendo encarecidamente a todos que inviertan en luces de colores para sus hogares, puedes comprar bombillas de control remoto y tiras de LED para colocarlas en tu hogar a un precio relativamente económico. Estas luces aumentan la creatividad y ayudan a transformar un espacio. A veces, arrojar una sola luz azul a la habitación proporciona un tipo de enfoque diferente al de una vela relajante.

Si un espacio de trabajo es demasiado oscuro, puede dejarte sintiéndote desmotivado/a e incluso triste. Elige la iluminación natural por encima de todo mantener tu energía durante todo el día. Cuando la iluminación tiende a tonos azules, es posible que estés más concentrado/a, sin embargo, una luz demasiado brillante podría dañar tu vista, especialmente si estás mirando una pantalla todo el día. Si trabajas desde casa y buscas un entorno más tranquilo, apégate a las luces cálidas de color naranja y amarillo, podrían ayudar a imitar la luz solar para que te sientas energizado/a y relajado/a.

El color de la habitación también es importante, si tienes control sobre cuál podría ser el color, elige azules, púrpuras y otros tonos fríos para mantenerte relajado/a y concentrado/a. Si bien algo como el amarillo neón y el naranja brillante parecen energizantes, pueden sobreestimularte y aumentar demasiado tu ansiedad. Incluso cuando no tengas mucha influencia en el color de tu espacio de trabajo, aún puedes traer elementos que potencialmente podrían llenar la habitación con ese color.

Asegúrate de permitir que entren algunos elementos de la naturaleza para mantenerte conectado/a con el espacio. Si puedes, llena tus ventanas con plantas y al menos ten una si no tienes control sobre tu oficina. Al darte la oportunidad de tener este elemento refrescante, puedes permanecer más conectado/a con tu espacio cuando te distancies de ti como persona. Si estás sentado/a en tu escritorio bombeando la computadora todo el día, es fácil comenzar a sentirte como un robot; los elementos de la naturaleza te mantienen presente en la tierra y le recuerdan a tu cerebro que te diviertes y tienes libertad.

Si eres es el tipo de persona que mata plantas de interior fácilmente y no confías en tener una, puedes incluir imágenes de la naturaleza o fotos tuyas de vacaciones y con tus amigos, es un gran recordatorio de los momentos divertidos, y satisface esa necesidad de motivación mientras trabajas en tu computadora.

Ten bocadillos y agua ilimitada cuando trabajes durante largos periodos de tiempo, pero ten cuidado con los bocadillos, mencionamos al principio que si estás creando una zona libre de distracciones es mejor no tenerlos. Si puedes, guárdalos en un cajón o casillero en lugar de en tu escritorio.

Lo mismo ocurre con tu oficina en casa, es mejor tenerlos a poca distancia, pero no necesariamente al alcance de la mano, o de lo contrario podría ser demasiado tentador y llevarte a comer sin sentido más adelante.

· · ·

Usa las horas principales

Como mencionamos anteriormente, debes tener un periodo de tiempo para realizar un seguimiento de tu tiempo.

Para reconocer dónde estás esforzándote, primero debes comprender cómo funciona tu horario bajo tus habilidades naturales para trabajar. Todos tenemos relojes internos que pueden afectar la forma en que funciona nuestra mente, algunas personas son madrugadoras y les va muy bien levantarse temprano y comenzar el día de inmediato, mientras que a otros les va mejor cuando pueden quedarse despiertos hasta tarde y tener la paz de la noche para concentrarse.

Algunas personas trabajan mejor a la mitad del día cuando han tenido tiempo para relajarse por la mañana pero no quieren tener que trabajar toda la noche.

Una vez que hayas realizado un seguimiento de tu tiempo, será más fácil ver cuándo fueron tus horas más productivas. Revisa tu horario y ve a qué hora y en qué día pudiste lograr más, considera también el entorno. A veces, puede que no sea la hora, sino el lugar en el que realizaste la mayor parte del trabajo. Cuando estés planificando tu semana la próxima vez, podrás planificar más fácilmente los días que serán más productivos.

Si estás utilizando el método de planificación de tareas priorizadas, aún puedes reservar momentos especiales para agrupar estas tareas de alta prioridad. Por ejemplo, puedes tener mini listas de tareas pendientes específicamente para esas horas pico y luego planificar en consecuencia esos momentos para obtener el mejor resultado posible.

Hay muchos factores que determinan cuándo y por qué eres productivo/a, a veces es lo que comes, con quién estás o incluso el clima afuera. Realiza un seguimiento de todos estos aspectos para ver no solo cuándo son tus momentos cumbre, sino cómo puedes intentar cultivar esos momentos cumbre en otras ocasiones. Por ejemplo, descubrí que era muy productivo los jueves por la noche porque tenía todo el fin de semana adelante y solo me quedaba un día de trabajo. Me presionaba a mí mismo para terminar rápido lo que había postergado durante el resto de la semana.

Esta emoción y esta presión era lo que más me motivaba, tuve que preguntarme *"¿cómo puedo crear estas emociones otras veces?"*

· · ·

Una cosa que hice fue asegurarme de tener algo que esperar todos los días, creé rutinas divertidas para recordarme a mí mismo que debía hacer el trabajo rápido para poder tener una noche sin estrés. Quizás una noche hice pizzas caseras con mi familia, otra noche me di el capricho de ir a mi restaurante favorito, algunas noches simplemente tener una película para ver más tarde era suficiente para darme algo que esperar. Usaba mi entusiasmo a lo largo del día para concentrarme en mis tareas porque tenía algo que esperar.

Los jueves seguían siendo un poco más productivos que el resto, pero fue entonces cuando supe que sería capaz de ponerme al día de manera eficaz con todo lo que antes no podía hacer. Puedes encontrar tus horas pico de productividad cuanto más prestes atención a identificar cómo empleas tu tiempo: ¿qué estás haciendo que te hace menos productivo/a y por qué estas circunstancias te impiden completar las tareas?, ¿qué te ayuda a mantenerte motivado/a y animado/a para lograr el resto de tus logros importantes? Eventualmente, podrás encontrar un estado de flujo productivo, trabajando de manera efectiva entre tus altibajos mentales.

Distracciones como el ruido y el desorden

· · ·

Todo el mundo necesita distintos niveles de sonido según su capacidad de concentración, una cosa que te impide sintonizarte totalmente son las distracciones constantes que escuchan tus oídos: compañeros de trabajo charlando en la otra habitación, construcción afuera, un perro ladrando en la planta baja, el golpe pasivo agresivo de tu compañero de habitación... Estas son todas las cosas que pueden impedirte encontrar un lugar mental de enfoque completo.

A pesar de que tu mente y tus ojos pueden estar centrados en todo lo que requiera tu atención, es bastante fácil dejar que tu enfoque se desvíe cuando hay un desencadenante auditivo. Por ejemplo, solo escuchar una palabra podría generar un proceso de pensamiento que te saque del trabajo, tal vez tu compañero de trabajo susurra "*¿qué quieres para el almuerzo?*" a otro compañero. Eso podría ser suficiente para plantar la idea del almuerzo en tu mente, lo que te dificultará concentrarte en el trabajo que tienes que hacer.

Los mejores métodos para eliminar el ruido son los auriculares y los tapones para los oídos. De esta manera, realmente puedes mantener tu atención en lo que tienes que hacer, esto es perfecto para personas que trabajan en una oficina o estudiantes. Desafortunadamente, muchas personas tienen trabajos que no les permiten usar auriculares, es posible que tengas que escuchar una llamada por teléfono, o tal vez trabajes con el público y no eso no sea profesional. Si puedes, prueba con una máquina de ruido, como un ventilador, el ruido constante es mejor que las pequeñas interrupciones durante el día.

También considera si puedes ir a una ubicación diferente. Incluso una cafetería bulliciosa puede distraer menos que la casa, donde tus compañeros de cuarto juegan video-juegos y hablan. Esas pequeñas interrupciones de unos segundos desvían tu atención, mientras que el ruido continuo no lo hace. Cuando algo es estable así, es más fácil dejar que se convierta en ruido de fondo y ahogarlo fuera de tu mente.

Es importante asegurarte de eliminar el desorden de tu espacio de trabajo.

Al igual que el ruido mental, esas pequeñas pilas de proyectos sin terminar, libros no leídos y papeles desorde-nados pueden desviar tu atención cuando los miras.

Si estás tratando de trabajar y miras alrededor de tu habi-tación a medida que se te ocurren ideas, tu mente puede ser arrastrada a esa pila de ropa sucia. Te estresa sentir que tienes otra tarea en tu lista de tareas pendientes.

. . .

Para deshacerte del desorden, por supuesto, ¡límpialo!

Esto no es fácil para todos, especialmente si tienes un montón de cosas que hacer con poco tiempo. Yo tenía la mala costumbre de comprar libro tras libro sin leer los que ya había comprado, revisaba cosas en la biblioteca y leía en mis diversos dispositivos, lo que significa que tenía mucho más contenido del que debería leer.

Una vez que mi estantería se quedó sin espacio, comencé a apilar los libros en mi escritorio y en otros lugares de mi oficina, pensé que verlos me animaría a leerlos antes que otros, pero todo lo que hizo fue recordarme cuánto tenía que hacer.

Me sentía culpable por no leer esos libros y gastar dinero en otros nuevos. Empezaba a escribir o hacer otro trabajo y luego me distraía porque volvía a caer en mi culpa por la pila de libros descuidados en la esquina.

Me recordaría cosas que nunca había hecho en mi pasado y sentía pánico por el poco tiempo que tenía, me estresaba por el dinero desperdiciado. Todos estos pensamientos desencadenarían otros momentos de ansiedad hasta que me asustaba demasiado como para seguir trabajando.

Un día, cuando el espacio para libros finalmente creció más que mi espacio de trabajo, decidí que era suficiente. Cualquier libro del que pudiera obtener una versión digital decidí regalarlo, también tuve que ser honesto conmigo mismo sobre lo que probablemente nunca leería. Una vez que mi colección fue purgada, tuve más espacio en mi estantería y creé la regla de regalar algunos libros por cada pocos que compraba. Admito que todavía tengo una pila que no encaja, pero todos tenemos nuestros pequeños momentos de romper las reglas, lo que más importa es que mantengo este montón fuera de la vista.

No pienses en deshacerte de tu desorden como una gran tarea de enormes proporciones, divide todo en secciones. Incluso si tienes que dividirlo por cuartos o quintos, crea estos espacios individuales que deseas abordar. Cuando no puedas limpiar el desorden, déjalo fuera de la vista, a pesar de que puedes estar haciendo todo lo posible para ignorarlo, los ojos errantes aún pueden hacer que tu atención vuelva a un lugar de estrés y pánico mientras te preocupas por las cosas que tienes que limpiar.

. . .

No tengas miedo de tirar las cosas. Si no te importa lo suficiente como para mantenerlo limpio y ponerlo en su propio espacio, es probable que no lo necesites.

Imagina que entraste en tu oficina un día y alguien más la limpió, ¿cuáles son las diez cosas que te molestaría si las hubieran desechado? Si ni siquiera puedes pensar en diez, es hora de dejar ir estas cosas.

Tampoco tienes que ser minimalista, simplemente invierte en algunos archivadores, cajones de plástico y otras formas de ocultar tu desorden, al menos por el momento. Con el tiempo, tendrás el espacio y el tiempo adecuados para mantener todo ordenado, pero también es importante esconderlo en los momentos en que no puedas acceder a esto.

Escribe las cosas

Es fácil mantener nuestro trabajo digital, pero eso a menudo deja todo al aire. Si tienes dificultades para prestar atención en el trabajo, considera cómo puedes participar más en el momento, puede ser haciendo preguntas en las reuniones o asumiendo un papel activo en un proyecto.

. . .

Escribe las cosas porque reafirma un punto en tu mente.

Si escribes una meta, es más probable que desees comprometerte con ella en lugar de tenerla rondando en tu cabeza; si escribes una tarea, es más probable que recuerdes hacerla. No solo lo repasas en tu cerebro una vez más, sino que le estás dando vida física al crear algo que escribes con un lápiz sobre un papel.

Escribir también es muy beneficioso porque es como un acto de atención plena. Estás sacando tu atención de donde sea que esté vagando y te estás obligando a concentrarte en el papel o la computadora. Cuando escribes algo, debes usar todos los dedos, los ojos y la mente para registrar información importante; si escribes con un bolígrafo, se aplican las mismas reglas y también sientes físicamente que las palabras se vuelven permanentes en el papel.

Haz siempre accesible la escritura y el registro. Lleva contigo un cuaderno o diario en todo momento, ten un documento de Word vacío en tu computadora con el que puedas registrar cosas fácilmente:

- Escribe cualquier idea que tengas sobre el

trabajo, ¿qué puedes hacer para ser más productivo/a?

- Anota las ideas que tengas en casa, ¿qué proyectos quieres hacer o qué esperas agregar a tu espacio?

- Escribe las ideas que tengas sobre la vida, ¿te vienen a la mente lecciones y virtudes importantes?

- Escribe las cosas que involucren cómo te sientes, ¿puedes reconocer y hacer un seguimiento de tus emociones?

Una vez que tengas un registro físico de estas cosas, es más fácil retroceder en el tiempo y reflexionar sobre ellas. Puedes verificar tus objetivos, profundizar en tus valores, responder las preguntas abiertas que tengas. Anota también los pensamientos ansiosos, este ha sido un método útil que me ha dado la oportunidad de reconocer mejor mis pensamientos y sentimientos.

Cuando me siento ansioso, rápidamente saco algo para tomar nota de la emoción que tengo, anoto cómo se siente en mi cuerpo. Esto también lo hago con los impulsos que tengo, ¿cuál es el impulso?, ¿cuál es el detonante?, ¿cuál es el resultado que espero tener?

Por lo general, cuando termino de escribirlo, me siento aún mejor conmigo mismo. A veces, incluso escribo notas y mensajes imaginarios a personas con las que me siento frustrado para evitar arremeter contra ellos o empeorar las cosas.

Cuando puedes desahogar y dejar salir tus emociones en una página, se vuelve más fácil ver ante cuáles debes tomar medidas y cuáles podrían ser las que puedes evitar. Si hay un problema subyacente más profundo dentro de ti, como una inseguridad o miedo, esto podría ayudarte a superarlo. Solo recuerda, si alguna vez escribes una diatriba furiosa que no quieres que nadie más vea, ¡asegúrate de borrarla de tu teléfono/computadora o romper el papel en pedazos!

Aumento de la productividad

Para ser productivo/a, no necesitas más tiempo, necesitas saber cómo enfocar mejor tu atención.

Para ser más productivo/a después de haber hecho toda esta planificación eficiente, una cosa importante que quiero que recuerdes, sobre todo, es que la productividad no se trata solo de hacer las cosas rápidamente. El arte del autocontrol consiste en tomar tu mente y orientarla hacia algo. Si una tarea te toma una hora y media, y le dedicas el 100% de tu enfoque, eso es mejor que terminar una tarea en 45 minutos sin siquiera pensar en ella. Algo falso y completamente inventado rápidamente se derrumbará mucho más rápido que algo que hayas creado con una base sólida.

Lo que pasa con la productividad es que todos corremos pensando que necesitamos hacer las cosas rápidamente; la vida se siente como una carrera constante, siempre estás compitiendo con la gente para ser el/a primero/a. A veces existe la presión de ser el/la primero/a en encontrar el mejor cónyuge, ponemos mucha presión en las citas y en encontrar a la pareja adecuada. Hay presión para empezar a tener hijos una vez que te casas y antes de eso, hay presión para ingresar a la universidad y encontrar el trabajo mejor pagado.

Estamos presionados para hacer todo esto lo más rápido posible, nos dicen que cuanto antes tengamos algo, mejor. Nada de esto importa si no ponemos esfuerzo, enfoque y pasión en ello. Lo que verás cuando comiences a reenfocar tu mente y a tener control sobre tus pensamientos, es que las cosas suceden rápido de forma natural.

Solía trabajar en una tienda minorista, estábamos ubicados en una calle bastante transitada. Cada día era un poco diferente en cuanto a lo ocupados que estábamos, algunos días tenía un cliente al día y me aburría muchísimo; otros días, tendría clientes sin parar. En los días en que tenía más clientes con los que realizar transacciones, el tiempo volaba, estaba tan ocupado constantemente que un día me parecía una hora, apenas tendría tiempo para fichar antes de que llegara la hora de salir. Si bien era abrumador y no tenía tiempo para pensar por mí mismo, podía ver volar mis horas programadas, haciendo que el tiempo pareciera mucho más rápido.

En los días que iban lentos lentos, miraba el segundero. Una hora se sentía como un día cuando estaba tan lleno de tiempo pero sin clientes. Lo que hay que recordar es que el tiempo se siente como algo tan estricto y mesurado que, sin embargo, cuando no prestas atención a los números, realmente no hay diferencia.

Los animales no tienen sentido del tiempo como nosotros, es por eso que los gatos pueden estar acostados todo el día y realmente no les importa, es por eso que los perros se sientan junto a la puerta y esperan a que sus dueños regresen a casa durante ocho horas al día; un segundo y una hora pueden parecer lo mismo si no prestas atención al reloj.

. . .

Ser productivo/a no se trata de ganar más minutos, se trata de hacer un trabajo de mayor calidad a partir de aquello a lo que dedicas tu tiempo. Si completas una tarea en media hora, es posible que la eches a perder porque estás apresurado/a, por lo que tendrás que volver y rehacerla, tomando otra media hora. Originalmente, si le hubieras dado todo tu enfoque, podrías haberlo eliminado en una hora y tener algo realmente de calidad.

No te obligues a sentirte ocupado/a, oblígate a entregar toda tu pasión hacia cada tarea que te propongas completar.

Planifica momentos para descansar

La mayoría de nosotros somos conscientes de que tomar descansos es genial, es divertido, ¡no tienes que trabajar! Tienes la oportunidad de relajarte, tu mente está tranquila y normalmente puedes hacer cosas divertidas como dormir o comer. No se puede negar que tomar descansos es beneficioso para nuestra felicidad, sin embargo, a menudo nos hacemos sentir que esto es negativo para nuestra productividad. Puedes pensar que tomarte demasiados descansos te quitará la concentración, puede parecer una pérdida de tiempo y la culpa que viene después puede distraer mucho; sin embargo, tomar descansos es muy importante.

En primer lugar, te brinda algo que esperar. En lugar de pensar *"oh, tengo que hacer esto en una hora"*, piensas *"oh, tengo que hacer esto en 45 minutos y luego tengo ese momento para relajarme"*.

De esto es de lo que ya hablamos al referirnos a ciclos de trabajo de 90 minutos. También es importante tomar descansos porque le da a tu mente la oportunidad de refrescarse.

Piensa en ver una serie de televisión, si te sientas y ves una serie durante ocho horas con episodios seguidos, cuando llegues al final, puedes aburrirte un poco. Es fácil ver el mismo patrón en el programa, reconoces que sucede lo mismo, y siempre hay suspenso al final. Te has acostumbrado al idioma de los personajes y podría ser más entretenido para ti mirar tu teléfono y desplazarte mientras te aburres.

Si lo ves de una semana a otra, debes anticipar lo que sucederá a continuación, recuerdas cosas de la semana anterior mientras miras el resumen, tienes que generar anticipación. Analizas más porque tu mente se ha separado, ya no estás en piloto automático, consumiendo información a tu alrededor.

Por alguna razón, solía enorgullecerme de no tomar muchos descansos, creía que cuanto más trabajo hiciera, mejor. Trabajaría durante tres horas seguidas y luego tal vez tomaría un descanso de una hora, sin embargo, cuanto más largo era el descanso, más difícil era volver al trabajo. Lo que terminó sucediendo fue que simplemente trabajé en ráfagas en lugar de en períodos largos, así que aunque hice 3 horas seguidas, esas podrían ser las únicas tres horas productivas para mí. Corría a toda velocidad en lugar de trotar, pero tenía que recorrer una gran distancia.

Ahora vivo por la regla de un descanso cada 50-70 minutos. Me esfuerzo por 50 minutos, pero como escritor es difícil mantener el hilo mental una vez que tu escritura comenzó a fluir; hacer una pausa por un momento puede ser el impulso necesario para abordar una sección con claridad mental.

Limito mis descansos a cinco minutos, a menos que esté almorzando o cenando cuando trabajo por la noche; luego me daré de treinta minutos a una hora dependiendo de dónde esté mi cabeza.

. . .

Si me siento particularmente productivo y emocionado por el trabajo, me daré solo treinta minutos para asegurarme de que sea fácil volver a donde estaba, si estoy luchando y teniendo un día de trabajo particularmente frustrante, me limitaré a un descanso de una hora para, con suerte, cambiar mi estado de ánimo o mi concentración mental para cuando termine el descanso.

También es importante para mí planificar algo que hacer en ese descanso para no perderme en mi teléfono o ver un video. Esto podría consistir en tomar una siesta rápida en la otra habitación durante 15 minutos, tal vez entro y juego un juego en mi teléfono durante diez minutos para ayudarme a reenfocarme, quizás tengo un rompecabezas en otra habitación y tomo un descanso mientras agrego algunas piezas durante cinco minutos. A veces me doy una ducha o salgo a dar una vuelta rápida a la manzana, podría prepararme un poco para una comida para más tarde o incluso tomar un refrigerio rápido.

Cuando programes tus propios descansos, trata de estar en un espacio aislado cuando lo tomes, evita sentarte en el escritorio de tu oficina y desplazarte por tu teléfono o navegar por la web porque en realidad, no se sentirá como un descanso, sino como si todavía estuvieras trabajando. Durante este descanso, intenta hacer al menos un movimiento mínimo: haz algunos estiramientos rápidos, siente que tu espalda, brazos y piernas tienen oportunidades adecuadas para expandirse y relajarse.

Si estás realizando una tarea que requiere mirar la pantalla de una computadora, descansa la vista, no se recomienda pasar de mirar su computadora a mirar tu teléfono y volver a mirar tu computadora. Si no tienes una tarea que hacer durante este descanso que no requiera ningún dispositivo electrónico, tómate al menos cinco minutos para cerrar los ojos; ve al baño, lávate la cara y siente ese rejuvenecimiento visual.

Está bien no tener una tarea específica, lo importante es que te distraigas de pensar en el trabajo. Si no quieres ver tu teléfono, si no quieres jugar un juego, si no quieres cocinar, dormir o hacer cualquier otra cosa, puedes simplemente sentarte, está bien.

Siéntate en la puerta de tu casa y mira el árbol de tu patio delantero mientras sopla el viento, siéntate en tu cama y observa la forma en que las sombras del árbol afuera bailan a través de la pared.

. . .

Suena simple, pero el punto no es hacer nada complejo o confuso, la idea es simplemente eliminar algo de ansiedad y crear una perspectiva más enfocada. Por supuesto, no te pongas en un lugar donde te puedas quedar dormido/a, busca moverte físicamente y separarte del trabajo que estás tratando de hacer. Volverás trabajando aún más fuerte al final.

6

Recarga tu cerebro con descanso, alimentos saludables y ejercicio

PODRÍAS SER la persona más productiva del planeta, pero si no tienes cuidado, te agotarás. Nuestros cuerpos funcionan con lo que les proporcionamos, si no le estás dando a tu cuerpo las vitaminas, los nutrientes, el descanso y el ejercicio adecuados, estos factores se verán reflejados en tu desempeño sin importar cuánto esfuerzo le dediques.

Tu salud es lo más valioso que tienes. Algunas cosas que involucran nuestra salud siempre estarán fuera de nuestras manos, pero cuando tu salud se vea amenazada, incluso en lo más mínimo, te darás cuenta de lo importante que es aprovechar lo que está bajo tu control.

Saber cuándo detenerte

. . .

Un aspecto importante de saber cuándo detenerse es comprender cuándo se requiere decir *"no"*. Es fácil trabajar constantemente cuando tienes tanto que hacer, y con otras presiones que nos rodean, es difícil saber cuándo es apropiado parar; a veces nos esforzamos constantemente para seguir logrando más y más. Si sigues quemando tu límite solo te lastimarás al final, no podrás hacer las cosas de manera productiva; en cambio, te sentirás estresado/a por todo lo que aún queda por hacer mientras te concentras en las tareas y no les prestas toda tu atención.

Sabes que es hora de parar cuando continuamente fallas, cuando sigues obteniendo el resultado incorrecto y cuando sigues intentando algo y no funciona como debería. Todas estas situaciones son señales de que es hora de detenerte, no puedes esperar resultados diferentes al hacer lo mismo una y otra vez. Si no se te ocurre una nueva manera de hacer las cosas, es hora de simplemente alejarte y volver a intentarlo más tarde; esto no es fácil para la gente porque no quieren sentir que se están rindiendo.

Lo único en lo que realmente puedo ayudarte en este escenario es recordarte que debes decirte a ti mismo/a que está bien tomar un descanso, esa es la única solución que te ayudará a regresar refrescado/a para completar la tarea.

. . .

A veces, la única forma de asegurarte de que vas a hacer algo es tomando un descanso, date esa claridad mental. Permítete momentos de tiempo en los que puedas refrescarte y reiniciar tu cerebro, es hora de detenerte y dejarte llevar cuando otras personas a tu alrededor te pidan que lo hagas. Si notan que estás estresado/a y que te estás presionando demasiado, es una señal clara de las circunstancias externas de que es hora de dejarlo ir. No podrás lograr algo beneficioso y útil si continúas presionándote de manera negativa.

Si no puedes imaginarte cómo tener éxito y ni siquiera puedes ver cómo serán los resultados finales, es hora de tomar un descanso y dar un paso atrás. Hay algunas situaciones en las que no siempre sabemos cómo van a salir las cosas, sin embargo, podemos percibir una forma potencial en que lo harán.

Si ni siquiera puedes imaginar cuál puede ser el resultado, es hora de que te vayas y dejes ir ese proyecto o situación.

Esto no significa que te detengas para siempre, detenerse es como tomar un descanso para llenar el tanque de gasolina, no querrás conducir por todo el país sin poder llenar tu tanque, ¿verdad? Tienes que detenerte y rejuvenecer para tener la oportunidad de volver aún mejor la próxima vez.

Da un paseo y considera la posibilidad de practicar yoga

Dar un paseo sencillo a veces es todo el ejercicio que necesitas. Todo el mundo sabe que necesita hacer más ejercicio y, a menudo, pensamos en el ejercicio como tener que contratar una membresía cara a un gimnasio o comprar equipo para entrenar la fuerza durante el día. Afortunadamente, no tienes que gastar todo tu dinero tratando de ponerte en forma, una de las maneras más fáciles de incluir ejercicio en tu vida es salir a caminar.

Caminar es maravilloso porque no es solo para mejorar tu salud física sino también mental. Eres capaz de alejarte de cierta situación y pasar por procesos mentales que necesitas superar, puedes aliviar la ansiedad y recuperar la concentración cuando te estés presionando demasiado. Caminar también es importante porque es un ejercicio de bajo riesgo que todos pueden hacer, sin importar si eres un experto en *fitness* o alguien que no ha hecho ejercicio en más de una década, puedes ponerte de pie y caminar.

· · ·

Esto puede llevarte a lugares nuevos, como rincones ocultos de tu vecindario, y es algo productivo que puede ahorrarte dinero o gasolina. Se recomienda que todo el mundo haga unos 30 minutos de ejercicio al día, la forma en que realices este ejercicio depende completamente de ti, pero caminar es un excelente lugar para comenzar.

Cuando salgas a caminar, asegúrate de estar atento/a, presta atención a la naturaleza que ves a tu alrededor y observa cada tipo de sentido que aprovechas. ¿Qué ves, qué oyes y qué hueles, qué saboreas?

A veces puedes saborear las gotas de lluvia cuando caen, puedes oler las flores a tu alrededor, puedes escuchar los pájaros, los insectos, las abejas y todo lo demás.

Comenzar a caminar me enseñó a ser más consciente de mi persona y de mi entorno, me ayuda a concentrarme en mi salud y a prestar atención al presente en lugar de pensar en otras cosas. Cuando caminaba por la calle, notaba diferentes aspectos de la naturaleza, disfrutaba de los escaparates de las diferentes tiendas y captaba desde la ventana de un apartamento lo que alguien podría estar viendo en la televisión. No es que miraría y criticaría todas estas cosas, pero las absorbería segundos a la vez mientras continuaba hacia mi destino.

. . .

Me di cuenta de que pasaban otras personas y diferentes coches, preguntándome a dónde irían. Prestaba atención a cómo se movía mi cuerpo cuando caminaba, notaba si estaba encorvado incluso mientras caminaba y trataba de pararme con la espalda recta.

Mantendría la cabeza en alto y miraría a mi alrededor en lugar de mantener el cuello inclinado hacia el suelo, me aseguraba de equilibrar todas las partes de mis pies en lugar de simplemente caminar sobre los talones o los dedos de los pies.

Era agradable respirar aire fresco, incluso cuando estaba rodeado de gente y contaminación en la ciudad. Más importante aún, esta caminata reconstruyó mi relación con el ejercicio, lo que hizo que fuera más fácil concentrarme en mi salud en lugar de en el objetivo final.

Otro ejercicio que tenemos que considerar es el yoga.

El yoga no es algo que solo pueda lograr un acróbata, a veces tenemos esta visión del yoga en la que te conviertes en un pretzel humano con las piernas girando, a menudo también se asocia con prácticas religiosas. Aunque puede tener orígenes dentro de la religión, no es necesario que uses el yoga para esos fines en este momento.

El yoga es una forma de estirar y mover el cuerpo para ayudar a liberar la tensión donde se necesita. Para comenzar una sesión de yoga, comienza sentándote en el suelo con las plantas de los pies juntas, lleva los talones hacia la ingle lo más que puedas, siéntate derecho/a y siente cómo tu espalda se vuelve perpendicular al suelo. Puedes colocar una mano en cualquiera de las rodillas.

A partir de ahí puedes incorporar algunos ejercicios de respiración, e incluso meditar un momento. Otras posiciones de yoga fáciles para principiantes incluyen el árbol, donde tienes la planta del pie colocada en la parte superior del muslo y las palmas de las manos juntas. Puedes probar una pose de guerrero, en la que una rodilla está doblada frente a la otra con la otra pierna recta detrás de ti. Puedes juntar las palmas de las manos y levantarlas hacia el cielo, también puedes mantener los brazos paralelos al suelo con un brazo delante de ti y un brazo detrás.

El ejercicio ha sido una de las formas más efectivas en las que he aprendido a controlarme.

· · ·

Nunca fui el tipo de persona a la que le gusta hacer ejercicio, la idea de levantar pesas y caminar sobre una gran máquina no me atraía. No fue hasta que una amiga mía que realmente disfrutaba el yoga me hizo comenzar a probar diferentes ejercicios que vi su valor.

Ella sabía que tenía que trabajar en mi salud, pero también entendía mi falta de conexión con el ejercicio tradicional, ella me enseñó algunos movimientos simples y realmente me abrió la mente a diferentes oportunidades. El yoga es algo que puedo hacer donde y cuando quiera. Una vez que me he entrenado lo suficientemente bien con una determinada posición, me siento cómodo llevándolo al siguiente nivel y agregando más variaciones para un mayor desafío.

El yoga es una forma de relajar la mente y el cuerpo al tiempo que incorporas algunos métodos sencillos para aumentar la resistencia y el autocontrol. A veces puedes desafiarte a ti mismo/a para mantener las posturas por más tiempo y realmente esforzarte para ver cuál será tu nivel de concentración. Si estás sintiendo incomodidad, entonces puedes trabajar eso en tu mente para volverte más fuerte después.

Cuando salía a caminar, a veces me esforzaba por ir un bloque más a la vez, me preguntaba *"¿por qué no puedes ir solo una cuadra más?"*, nunca se me ocurrió una excusa válida, así que seguiría avanzando hasta que me cansara demasiado físicamente. Todavía tendría que caminar de regreso, así que sabía cuándo me esforzaba demasiado.

Todavía voy al gimnasio para mejorar mi salud y las máquinas de ejercicio también me han ayudado a mejorar mi autocontrol. Una cosa importante que realmente ha moldeado mi capacidad para tener éxito con cualquier tipo de ejercicio es combinarlo con la música adecuada. A veces, caminar en una caminadora puede parecer realmente aburrido, pero si te pones los audífonos, esto ayuda a mantener tu cerebro aún más distraído.

Puede subir el volumen hasta ahogar el ruido de fondo y sentir el ritmo de la música pasar suavemente por tu cuerpo, también puedes asegurarte de caminar sincronizado/a con la música y no temas bailar un poco mientras caminas, la mayoría de las personas en el gimnasio están más concentradas en sí mismas que en cualquier otra persona.

Mantente hidratado/a

El agua es increíblemente importante, si realmente deseas concentrarte en tu salud, debes prestar atención a la forma en que te mantienes hidratado/a. Se recomienda que todos tomen ocho vasos de agua de ocho onzas al día. Es más fácil decir cuatro vasos de 16 onzas, pero algunas personas pueden apagarse cuando piensan que tienen que beber cuatro libras de agua, ¡parece mucho que expulsar cuando vas al baño!

Recuerda que el agua no solo sale directamente del grifo, sino que tu cuerpo absorbe una gran cantidad.

Considera los alimentos acuosos, cosas como lechuga, apio y sandía. El agua es absolutamente esencial para darte la oportunidad de sentirte rejuvenecido/a. Hay algunos consejos importantes que debes recordar para estar más hidratado/a.

En primer lugar, toma un vaso de agua antes de hacer cualquier otra cosa al iniciar el día. En lugar de empezar con café o desayunar directamente, hidrátate; incluso si haces ejercicio a primera hora de la mañana, bebe agua de antemano. Haz esto antes de tomar una ducha, antes de cepillarte los dientes, antes de revisar tu teléfono, etc. ¡Bebe un poco de agua para obtener tanta energía de inmediato como una taza de café podría dar!

Otra regla importante es tener siempre agua con cada comida, independientemente de si tomas o no otra bebida. Está bien si quieres darte un capricho con una copa de vino o incluso un refresco, pero tómate un vaso de agua para acompañarlo. A veces, las bebidas que tenemos, como las gaseosas, pueden hacernos sentir incluso más sedientos debido al alto nivel de azúcar que contienen.

El agua a temperatura ambiente siempre es lo mejor para tu cuerpo y es importante beberla en lugar de tragarla.

Mantén una botella de agua de vidrio o de metal contigo en todo momento, si decides optar por plástico, asegúrate de elegir algo que no contenga BPA para evitar agregar a tu dieta cualquier químico que pueda alterar las hormonas. Te darás cuenta de que muchos de los problemas que podrías tener, especialmente los problemas de autocontrol, podrían deberse a que estás luchando por mantenerte hidratado/a.

Si tienes sed, puedes estar letárgico/a, cansado/a, tener dolor de cabeza, sentirte débil y puedes tener dolor en los músculos. Nuestro cuerpo necesita agua para todo.

A menudo, es la primera cura que debes probar cuando tienes una de estas dolencias menores. Mientras más agua bebas, mejor, siempre y cuando no te atasques, ya que esto podría sobrecargar tus riñones.

Bebe sorbos lenta y constantemente a lo largo del día.

Siempre me recuerdo a mí mismo que tres quintas partes de mi cuerpo son agua, si no le estoy proporcionando esta mezcla química esencial a mi cuerpo, ¿cómo puedo esperar que funcione correctamente?

Siesta y descanso

Las siestas no tienen por qué ser una prueba de una hora, las siestas rápidas durante el día pueden darte una buena explosión de energía. La siesta y el descanso son absoluta-mente esenciales, deseas que estos momentos tranquilos y apacibles durante la semana te ayuden a recuperar el sueño que podrías perder por la noche.

Incluso si estás haciendo el intento correcto de alargar tus ciclos de sueño y obtener un patrón más saludable, aún deseas incluir un tiempo de inactividad en el que puedas aprovechar al máximo una mentalidad pacífica.

. . .

Es importante recordar que no debes dormir menos de seis horas desde que te vas a dormir o seis horas desde que has despertado. Por ejemplo, si despiertas a las 10 am, no debes tomar una siesta sino hasta las 4 pm.

Si planeas irte a la cama a las 10 pm, las 4 pm sería lo más tarde que puedas tomar tu siesta.

Debes considerar tus ciclos de sueño. Entras en la etapa más profunda del sueño después de 90 minutos; a los 30 minutos, generalmente comienzas a entrar a etapas posteriores del sueño que hacen que sea más difícil despertarte, es por eso que 30 minutos deberían ser un límite para el tiempo de siesta.

Si necesitas más tiempo, no consideres una siesta, no duermas solo una hora y media, esto es demasiado largo. Has puesto tu cuerpo en un estado de sueño profundo, así que cuando te despiertes, será aún más difícil tener energía. Si necesitas dormir, tómate al menos cuatro horas, porque este es un ciclo completo. Si bien puede parecer que necesitas más de 30 minutos, cualquier cosa más puede llevarte más profundamente a un estado de sueño.

Cuando duermas la siesta, asegúrate de tratar la situación como si te fueras a la cama. Elimina todas las distracciones, visual y auditivamente.

Incluso si no te quedas dormido/a, mantener los músculos relajados, cerrar los ojos y concentrarte en la respiración puede ser suficiente para recargar la energía y ser más productivo/a después.

Rodéate de naturaleza

Conectarte con la naturaleza puede ser difícil. En un nivel simple, puede que no te guste, tal vez te calientes y sudes fácilmente cuando estás bajo el sol, quizás los insectos te molesten, tal vez necesites estar rodeado/a de tecnología y luz artificial. Cualesquiera que sean tus preferencias, está perfectamente bien, sin embargo, lo que debes recordar al final del día es que somos animales, necesitamos la naturaleza porque somos naturaleza. Es parte de nosotros y somos parte de ella.

Incluso si nunca te gusta salir de tu casa, todavía hay formas en que puedes incorporar la naturaleza a tu vida. En primer lugar, hazlo de forma sencilla, deberías tener una planta en cada habitación.

No solo son visualmente atractivas, sino que ayudan a limpiar el aire, pueden proporcionarte energía y te da una responsabilidad de la que puedes estar orgulloso/a.

. . .

Algunas de las plantas más fáciles de cuidar son las plantas araña y los lirios de la paz. Los lirios de la paz se inclinarán y apuntarán hacia el suelo cuando necesiten agua, lo que facilitará a los propietarios mantenerse al día con el horario de alimentación. Las suculentas también pueden ser muy fáciles de cuidar, todo lo que necesitas es una ventana soleada y un poco de espacio para colocar la planta. También puedes comprar recipientes de riego automático.

Si no eres el tipo de persona que cuida plantas, considera tener hierbas frescas e incluso verduras en tu cocina. La mayoría de nosotros tenemos una ventana en la que podemos colocar un plato pequeño para ayudarnos a cultivar algo especial. También intenta incorporar cosas literalmente verdes en tu casa, esto significa paredes verdes, mantas verdes, almohadas verdes, cuadros verdes, luces verdes y cualquier cosa verde que puedas incluir en el espacio que te rodea. Puedes engañar a tu cerebro para que piense que estás rodeado/a de más naturaleza usando solo el color.

También puedes incorporar olores naturales y aromas florales para ayudarte. Cuando te estés relajando, trabajando o haciendo cualquier otra cosa para la que desees ruido de fondo, elige sonidos naturales. Puedes encontrar cientos y cientos de videos en YouTube y en Internet que te brindan sonidos naturales que podrían adaptarse a tu estado de ánimo.

Aprende del pasado y emociónate por el futuro

Como ya comentamos, la mayoría de las veces el estrés implica arrepentirse y sentirse culpable por el pasado y tener miedo de lo que sucederá mañana. Tan pronto como aprendas a seguir la regla que acabamos de mencionar en el subtítulo, será mucho más fácil para ti mantener tu enfoque y tener control sobre tu vida.

Primero, hablemos del pasado.

La culpa y el arrepentimiento no siempre tienen por qué ser una pérdida de sentimientos, a menudo pueden enseñarnos cosas importantes para el futuro. Por ejemplo, tal vez te sientas culpable por la forma en que trataste a tu ex pareja, quizás debiste esforzarte más en la relación. Podrías sentarte allí todo el día y pensar en lo que podrías y debiste haber hecho, en cambio, piensa en cómo evitarás que eso suceda en el futuro.

. . .

Aprendes de tu pasado cuando lo transformas en algo que usarás como herramienta para el mañana. Al intentar cambiar las cosas fuera de tu control, solo estás perdiendo tiempo. Todo el mundo dice que la culpa te mantiene estancado/a en el pasado... *"Atrapado/a en el pasado"*. No sabía lo que significaba en un nivel más profundo, pero comprendía que mantenía nuestro cerebro en un lugar diferente. Durante una caminata vespertina particularmente pensativa, finalmente hizo clic:

No solo estaba usando la energía de mi cerebro para pensar en el pasado, estaba guardando pedazos de mí mismo en momentos que ya no existían.

Mi cuerpo estaba cansado porque estaba estresado, mis emociones estaban fuera de control porque estaba reviviendo estos momentos tan emocionales una y otra vez.

No podía seguir adelante porque estaba esposado al pasado.

Por supuesto, partes de mí siempre estarán en el pasado, pero de una manera diferente. Estos deberían ser buenos recuerdos y lecciones aún más difíciles de las que extraigo algo valioso, sin embargo, al dar tanto de mí al pasado, no me quedaba nada para construir para el futuro.

Es posible que aún tengas movilidad si tienes una pelota atada al tobillo con una cadena, pero no podrás llegar tan lejos como alguien que ha aprendido a liberarse. La culpa y el arrepentimiento hacen surgir sentimientos dentro de nosotros que no son fáciles de manejar, nos llevan a un momento de nuestra vida que ya no podemos cambiar. No tienes más opción que reproducir la situación una y otra vez, cuanto más hagas, más lagunas encontrarás.

Tu cerebro puede ser realmente un experto en investigar y descubrir cada cosa que podrías haber hecho mejor. La cuestión es que, sin importar lo que hubieras hecho en esa situación, tu cerebro podría encontrar una forma de arrepentirse. Incluso si hiciste todo a la perfección, y con exactamente las mismas emociones que todos los demás tendrían si estuvieran en la misma situación que tú, tu cerebro aún puede encontrar formas de hacerte sentir arrepentido/a.

Así es como estamos conectados, tenemos esta naturaleza investigadora. En realidad, es una cosa que nos separa de muchos otros animales. Tenemos la capacidad de cuestionarnos realmente y adentrarnos en profundos ciclos de pensamiento filosófico, pero tienes que aprender a dejar ir. Desafiemos esos pensamientos y distorsiones cognitivas que revisamos y vuelve tu atención hacia el futuro.

Ahora, cuando se trata de entusiasmarse con el futuro, vas a hacer lo contrario de lo que acabamos de decir.

Vas a mirar al pasado.

Hay dos formas de mirar el pasado para emocionarse con el futuro, la primera es recordarte a ti mismo/a que todo ha funcionado, como debería, hasta ahora.

Por ejemplo, supongamos que tienes un trabajo y has estado en el mismo lugar durante los últimos tres años.

Recientemente, tuviste un proyecto que terminó y en el que no te sentiste muy seguro/a, piensas para ti mismo/a *"esto es todo. Me despiden. Estoy perdiendo mi trabajo. Estoy perdiendo mi dinero. Estoy perdiendo mi casa. Lo estoy perdiendo todo, todo por este proyecto".* Es fácil ser extremadamente temeroso/a así, pero ahora mira el pasado: has trabajado allí durante tres años, has hecho todo este esfuerzo y has hecho un gran trabajo. Nunca antes te habías metido en problemas, y cuando has tenido momentos en los que te has sentido como ahora, las cosas salieron mejor de lo que podías haber predicho. Incluso si esto es un gran fallo en el trabajo y te metes en un montón de problemas, has invertido esos tres años al menos, así que valió la pena.

En una segunda situación, tal vez las cosas hayan salido mal en el pasado, por lo que eso podría acelerarte para tener aún más miedo al futuro. Digamos que en otro trabajo has tenido un desempeño muy bajo en el pasado, te has metido en muchos problemas, y este proyecto reciente realmente podría ser lo que te lleve al límite. Ahora, ¿qué puedes recordar del pasado para sentirte más emocionado/a por el futuro? Bueno, recuerda reflexionar sobre tus errores, ¿qué tenían esos proyectos pasados que te metieron en tantos problemas?, ¿cómo puedes mejorar a partir de eso para evitar que vuelvas a repetir el mismo error? Piensa fuera de la caja y analiza realmente tu desempeño desde la perspectiva de tu jefe para evitar cometer ese error una vez más.

Alternativamente, considera cómo no has sido feliz. No has tenido éxito en el trabajo y no te ha ido bien, siempre tienes dudas y estás constantemente asustado/a. Quizás este terrible resultado que tanto temes no es tan malo, quizás perder tu trabajo es exactamente lo que necesitas para impulsarte a una vida más feliz.

. . .

No debes estar constantemente asustado/a y nervioso/a todo el tiempo, si no puedes encontrar una manera de cambiar eso mirando tu pasado, podría ser una señal de que necesitas un cambio dramático.

De cualquier manera, tu pasado puede ser un catalizador para un futuro más positivo y esperanzador. Se trata de encontrar el uso de estos pensamientos recurrentes y estresantes en lugar de dejar que se conviertan en la base de cómo evaluamos la vida.

7

Empieza a meditar y toma descansos

CUANDO ESTÉS INICIANDO hábitos más saludables, como dar un paseo, es importante concentrarte en estas actividades. ¿Cuál es el punto de pasear por un sendero natural si estás demasiado preocupado/a por tomar una foto para subir a tus redes sociales?

No entendí la meditación por un tiempo, me parecía falso, la idea de aclarar tus pensamientos sonaba como una tontería total. Entonces comencé a practicarla. Me encontré con un video de meditación guiada mientras navegaba por la web un día y pensé en intentarlo, siendo la persona de mente abierta que soy. Me quedé impactado.

. . .

Siempre pensé que mi estrés y ansiedad estaban profundamente arraigados en mi biología, ¿quién sabía que una meditación de 10 minutos era todo lo que necesitaba?

Empecé a practicar más y más, dándome cuenta de que era algo que podía eliminar por completo gran parte de mi ansiedad, así que dejé que la meditación fuera mi botón de reinicio. Después de hacer de este importante descanso una parte saludable de mi rutina, descubrí que mis días sin meditación eran mucho menos productivos. Sin embargo, este capítulo no se trata solo de meditación. Antes de llegar a este proceso mental, hay algunos otros pasos cruciales para implementar primero.

Desarrolla tu intuición y confronta tus pensamientos

La intuición es la sensación en tu estómago que tienes que aprender a escuchar.

A veces sabemos lo que está bien y lo que está mal, pero es fácil ignorar esos sentimientos y tomar la ruta más sencilla o más emocionante. Para aprovechar tu intuición, debes aprender a escuchar esa voz en lo profundo de ti.

. . .

Siempre que tengas que tomar una decisión, responder una pregunta o lidiar con una emoción, observa las primeras palabras que pasan por tu cabeza, ¿cuál es ese pensamiento inicial? El primer pensamiento es a menudo lo que estamos entrenados para pensar. Esto se hace a través del condicionamiento social, como lo que tus maestros, compañeros y padres te enseñaron cuando eras niño/a. Los pensamientos que siguen serán tu propia solución lógica.

Siempre que sientas que tus pensamientos se están volviendo locos, intenta desafiarlos preguntando "*entonces, ¿qué debo hacer al respecto?*". Cuando descubro que estoy atrapado en ciertos pensamientos, sé que debo enfrentarlos, por lo que he creado un diálogo conmigo mismo para llegar a la raíz de donde vienen estos pensamientos.

Digamos que te estás mirando al espejo y piensas "*vaya, soy horrible*". Cuando hagas eso, finge que eres un amigo que se enfrenta a esa afirmación: ¿qué te hace decir eso?, ¿quién te dijo eso?, ¿por qué crees que es verdad? ¿Tienes pruebas para respaldar esa afirmación?

Tu intuición se desarrolla cuando dejas que esa voz desafiante se fortalezca. Cuando puedes mirarte en el espejo y pensar *"soy feo/a"*, pero luego continuar con *"no, esa es una mentira descarada"*, sabes que tu intuición es fuerte.

Incluso cuando estés realmente indeciso/a acerca de una decisión o resolución de un problema, confía en tu instinto, si te equivocas, significa que tienes una lección que aprender. Es incómodo confiar en ti mismo/a al principio, especialmente si tienes problemas de autoestima. Sin embargo, eventualmente encontrarás un equilibrio y descubrirás que eres un individuo inteligente en quien debes confiar.

La práctica hace al maestro

A veces, es posible que dediques toda tu atención a una actividad y aun así no puedas mantener la atención adecuada. Si pierdes el tiempo distrayéndote, es posible que tengas miedo de nunca poder prestar atención.

Recuerda que necesitas práctica, ¡los pensamientos que te dicen que te distraigas solo están ahí para empeorar las cosas! Cada vez que te propones terminar una tarea, estás practicando.

. . .

Ser perfecto/a no es algo que tengas que lograr. La perfección es un estado del ser y el esfuerzo que pones para completar las tareas. Si puedes decir que entregaste absolutamente todo lo que tenías a una tarea, incluso si al final no lo hiciste perfecto, aun así te esforzaste por alcanzar la perfección y eso es lo que más importa.

Mantener el arte del autocontrol significa que puedes comprender cómo practicar de manera efectiva. Siempre que tengas que completar una tarea, no pienses en ello como hacerlo bien y terminarlo todo.

Haz de cada intento una experiencia de aprendizaje, prepárate para iniciar con la mente abierta y evaluar lo que estás haciendo bien y lo que requiere más trabajo.

De esta forma, en el segundo intento, ya estás mejorando sin esforzarte activamente en el entrenamiento porque en esa primera sesión, reflexionaste como debe ser.

Ahora, cuando estés practicando y entrenando para ser más eficiente, hay algunos pasos para hacer que tus prácticas sean lo más productivas posible.

- Mantén tu enfoque y control, permitiéndote tener espacio para practicar y equivocarte.
- Recuerda crear una meta: ¿qué esperas mejorar? Al tener una meta, reconoce tus debilidades, tienes la capacidad de ver qué fallas te impiden alcanzar estos objetivos.
- Realiza un seguimiento de tu práctica, mantén un registro real, anota los tiempos que te lleva completar las cosas. Compara eso con el objetivo que tienes sobre la rapidez con la que deseas que se haga algo. Ten fechas y marcas de tiempo para que puedas volver atrás y ver cuánto esfuerzo has estado poniendo en las cosas.
- Obtén recompensas para ti, ¿de qué vale todo esto, si no vas a obtener algo positivo al final? Para ser un/a gran artista de cualquier oficio, debes completar un proyecto y pasar al siguiente, no es una práctica de tomar el mismo lienzo y volver a trabajarlo una y otra vez. Un artista hace intentos y completa proyectos, para saber qué hizo bien y qué hizo mal, tienes que crear proyectos desde cero y practicar a lo largo del camino. Tienes que tener un objetivo en mente, la recompensa a menudo es el proyecto en sí mismo, pero una recompensa también podría ser el dinero por el que vendas estos proyectos.
- Toma fotografías. Comparar lo que acabas de

completar con lo que completaste antes para
darte cuenta de lo que hiciste mejor. Mira
cada proyecto y considera lo que podrías
haber hecho mejor, de modo que tengas una
base sobre dónde empezar la próxima vez.

Todo esto es importante en relación con la multitarea,
porque a veces con la multitarea, solo queremos acelerar
el proceso. Recuerda que es mejor prestar toda tu atención a una cosa a la vez, cuando haces esto, reflexionas de
una manera saludable y mejorada para notar en qué eres
bueno/a.

Espacios de meditación y ejercicios de respiración

La meditación es algo que querrás comenzar a practicar
por tu cuenta para ayudarte a estar más enfocado/a y
centrado/a. El primer paso es elegir un lugar específico
para meditar, esta es un área de poco tráfico y sin estrés
en la que no puedes hacer nada más.

Puedes dedicar una habitación entera a la meditación, o
simplemente puedes elegir el extremo opuesto de tu sofá,
¡podrías meditar en un armario vacío si tuvieras que
hacerlo! No tiene por qué ser una gran producción, mientras solo medites en este espacio, podrás encontrar el

enfoque. Entonces, cuando estás en este espacio físico, es más fácil para tu mente querer entrar en un estado meditativo.

Comienza con la meditación guiada si eres principiante. Hay innumerables videos y audiolibros gratuitos que puedes reproducir en voz alta para entrar en la mentalidad de meditación, lo más importante para recordar es que todo se trata de concentrarte en la respiración. Siente el aire a medida que pasa por tu sistema respiratorio, inhala solo por las fosas nasales cuando medites y exhala con solo un pequeño orificio en la boca. Cuando te concentras en este tipo de patrón, es más fácil asegurarte de mantenerte concentrado/a en tu respiración.

Otro ejercicio para probar la respiración es la respiración de yoga. Tapa el lado derecho de tu nariz e inhale, y luego cambia la fosa nasal que está cerrada y exhala; es una excelente manera de conectar el lado lógico y creativo de tu cerebro para llevar tu enfoque y autocontrol a donde debería estar. Cuenta cuando respires y considera escuchar una canción lenta y respirar al ritmo si sientes que estás entrando en pánico.

No solo tienes que hacer estos ejercicios de respiración cuando estás meditando.

. . .

El punto es practicarlos en este entorno para que puedas usarlos más fácilmente fuera de ese espacio de meditación según sea necesario. Siempre que estés luchando por devolver tu enfoque a donde debería estar, recuerda sentir el flujo de aire, es un recordatorio de que todo va a estar bien y que tu cuerpo siempre está trabajando para ti.

Conclusión

Si hay una sola cosa que hayas obtenido de este libro, espero que sea un reconocimiento de dónde está tu auto-control en este momento. S todos nos afecta nuestra propia mente de la manera más aleatoria en algunos casos, así que solo una vez que hayas creado ese esfuerzo profundo para acceder a tu mente, podrás descubrir los secretos para superar tus mayores obstáculos mentales.

Este proceso comienza reconociendo tus impulsos. El primer paso no es superarlos, sino simplemente tener en cuenta las cosas que te han estado quitando tiempo.

Para hacer esto:

1. Controla tu tiempo tal como es ahora. No

intentes cambiar nada, simplemente observa tus propios hábitos diarios.

2. Reconoce lo que desencadena tus impulsos, ¿qué despierta el deseo de actuar sobre estos impulsos?, ¿qué tiene de atractiva esta distracción que es mejor que simplemente terminar una tarea?

3. Sé realista con el uso del teléfono. Todos podríamos tomarnos un descanso mayor.

4. Establece un lugar donde puedas estar completamente libre de distracciones. Elimina la posibilidad de mantener cosas que ya no requieran tu atención, concéntrate en tener un área tranquila que te motive y te haga más productivo/a.

Mantener el autocontrol significa dedicar tu tiempo a una sola tarea, olvídate del *multitasking* porque hasta ahora no te ha ayudado. Para mejorar tu capacidad para no apresurarte en tus tareas, recuerda:

1. Por qué deseas tanto realizar todo al mismo tiempo en primer lugar.

2. En qué categorías encajan tus tareas.

3. Cómo hacer que las tareas sean más interesantes.

No es solo la multitarea lo que puede hacer que nuestro enfoque sea ineficaz, a menudo, es nuestra falta de capacidad para priorizar tareas importantes. Para crear verdaderamente un patrón saludable de priorización, necesitas saber tres cosas: tus objetivos, tus actividades de mayor valor y tu plan. Al cultivar tu mente en torno a estos tres aspectos, te preparas para un horario más productivo.

Todo esto no tiene sentido si no estás trabajando en tu actitud. No siempre es la situación en la que nos encontramos, sino nuestras emociones sobre las que tenemos más control. Ser positivo/a no solo aumenta tu atención, sino que facilita vivir el momento para evitar estar ansioso/a por el pasado o el futuro. Tus pensamientos son uno de los aspectos que más te distraen y al no controlar dónde vaga tu mente, le facilitas viajar a un lugar de pensamientos repetitivos y distracción.

Si bien puede parecer que los factores externos son las esponjas más importantes de tu enfoque, es tu propia mente la que puede absorber toda esa energía. Cuando se trata de completar tareas y ser competente en un entorno laboral, elegir el momento y el lugar físico en el que trabajas es increíblemente importante. Considera todos los aspectos necesarios para crear un entorno en el que no solo te concentres, sino que realmente disfrutes estar presente.

· · ·

De igual manera, debes cuidar adecuadamente tu salud. No dormir lo suficiente y saltarte las comidas porque estás demasiado ocupado/a, no es algo de lo que debas enorgullecerte o presumir. En su lugar, dedica tu energía a gestionar todos estos aspectos de tu vida para lograr la máxima eficiencia.

Finalmente, recuerda siempre la importancia de tomar descansos y meditar. Puede ser incómodo al principio, especialmente después de entrenarnos para estar tan concentrados, sin embargo, dejar que tu mente fluya completamente libre puede ser una de las cosas más curativas para tu mente.

Estaría mintiendo si dijera que este será un viaje fácil de aquí en adelante. Si lo fuera, no tendría que ayudarte a lo largo del proceso, podrías hacerlo todo por tu cuenta. No estaré contigo para asegurarme de que mantengas ese autocontrol, no puedo darte todos los pasos necesarios para obtener los resultados más eficientes, pero lo que puedo hacer es recordarte que te ciñas a tus valores; crea metas saludables y ubica cada mañana lo que necesitas hacer en el día.

Si no estás disfrutando tu horario, ¿cuál es el punto? No vivas la vida de otra persona, no solo hagas cosas para hacer felices a otras personas, reconoce en tu persona cómo es la verdadera felicidad. Sé honesto/a con lo que esperas obtener de esta vida y toma medidas proactivas para lograrlo. Si fueras a leer un libro de 1000 páginas, comenzarías con la primera oración, si quisieras subir 10 tramos de escaleras, darías un paso a la vez.

Este es un viaje, no es una carrera. Reinventar tu mentalidad y concentrarte en tu autocontrol no es una solución rápida, es un proceso lento como leer un libro largo o subir muchas escaleras.

Sabes qué montañas tienes que escalar, eres consciente de los obstáculos que tendrás que superar.

También te sorprenderán los nuevos obstáculos en el camino pero esto no debería asustarte, debería despertar tu curiosidad. Deberías querer conocerte más a ti mismo/a para obtener una comprensión más profunda de quién eres y cómo ser la mejor versión posible de ti. ¡Sabes que te mereces esto porque ya has trabajado para llegar tan lejos en este libro! Tienes el conocimiento necesario para aumentar ese autocontrol, y ahora es el momento de dar el primer paso. ¡¡Éxito!!

CPSIA information can be obtained
at www.ICGtesting.com
Printed in the USA
BVHW071727100521
606946BV00004B/761

9 781646 944286